大是文化

# 獲利的引擎

U0020684

## 價值投資獨家公式加上 168 微笑曲線，
播種便宜股、收割昂貴股，穩賺股利、大賺價差。

《存好股，我穩穩賺！》作者、
雪球股達人

溫國信——著

# CONTENTS

# CONTENTS

# 推薦序一
# 打破只有 20％的人
# 會賺錢的宿命

台灣汽電共生公司前董事長　張明杰

　　就在答應溫老師國信兄為新書寫序的同時，在網路上看到一篇關於「選擇比努力重要」的文章，文章大意是說，努力是一種人生態度，是邁向成功的不二法門，每一位成功者都要經過不斷的努力才能獲致成就。然而，想要成功除了努力之外，做對的「選擇」也很重要。也就是要選擇在適合的地方努力，做對的事情，才不會浪費時間，徒勞無功。投資理財亦然，選擇正確的方法，朝著既定目標努力前進，自然就容易成功。

　　認識溫老師多年，從年輕時共事，一直到他提前離開穩定的工作職場，轉而從事專業投資，成為知名理財部落客與作家，忙碌於寫書、演講及授課分享投資心法。我的長期觀察，他是一位誠懇樸實、認真不懈、正直無華的好同事、好朋友與好兄弟。《獲利的引擎》是他的第 8 本投資理財專書，一如以往所出版的暢銷書籍，依然深入淺出的告訴讀者如何掌握市場脈動，闡述「存股」的威力與長期的驚人績效。

　　本書仍以巴菲特的「價值投資法」為主軸，強調穩健、安全的投資理念，幫讀者找到妥適的投資標的及進場時機，對投資人有很大的幫助。內容概述如下：

- 「股市常勝軍,打造聚寶盆」,強調買股票是投資,千萬不可急功近利,而且要「超前部署」,掌握公司有哪些潛在的「獲利引擎」。
- 如何活用「168 微笑曲線獲利法則」,只要堅守這種長期布局的方法,獲利可期。
- 「存股」變「飆股」,這是投資人最期待的,只要買優質好股,就可能打破投資股市「只有 20％賺錢」的宿命。
- 運用「銅板股的威力與投資方法」,看到銅板股的轉機與威力,加入存股考量,審慎選股,往往有讓人意想不到的高報酬。
- 強調「找錢買股票,資產配置」能發揮最佳的效果,這是何以巴菲特獨鍾「股票」,一輩子以股票滾雪球,展現非常優異的成果,獲致極大財富。
- 附帶介紹的指數型 ETF 投資策略與方法,對於相對保守或打算投資特定族群的需求者,提供了另一個投資方向;另外,對如何把握「時間元素」與「買賣時機」的問題,也提出精闢扼要的分析,相信多數投資人也能受益良多。

　　最後,我想強調的是,不論從事何種投資工具,「紀律」很重要。尤其在充滿變化的股票市場,受制於國內外政經環境變動,投資行為的紀律一定要嚴格執行。從定期定額的堅持力、財務槓桿操作的風險承受程度,以及停損停利的執行力等策略,這些都是紀律。我想,只要能選擇適合自己的投資工具,遵循正確的方向,堅守紀律,那麼,離投資理財勝利組就不遠了。

# 推薦序二
# 獲利的引擎，收益與價差都賺

臺北大學兼任副教授　陳泉錫

　　本書作者溫國信兄是我成功大學的同窗，有著沉穩、務實、精確的做事風格。成大畢業後服務於台灣電力公司，擔任財務與會計工作逾 30 年，也擔任過公司的內部稽核工作多年，因此在財務管理上是個扎扎實實的專家。

　　國信兄離開公職後投入「價值投資法」的推廣教育工作，並以穩健、低風險的存股投資概念著稱，著作等身。《獲利的引擎》承襲一貫穩健、安全的投資理念，指出如何以「價值投資法」找到妥適的投資標的、如何選擇進場時機、如何配置資金使總效益最大化，更重要的是如何看清楚市場，輕鬆理財，千萬不要把理財變得惶惶不可終日，甚至傾家蕩產。

　　個人覺得這是本書作者與一般積極型理財專家最不一樣的地方，也是最有價值的地方。股市裡多的是菜籃族、領死薪水的上班族或公務員，我也是其中一個。這一族群通常資金不多，當然野心也不太大，圖的就是如何在低投資風險下仍有一平穩合理的收益，以貼補薪資或退休金的不足，提升生活水平。作者的投資理念正好就是從這角度切入。

　　本書作者除了介紹投資股市的基本觀念與方法，並進一步提出 21 個案例，反覆說明這些觀念如何實際用來評估一張股票的

價值,及是否值得買進,解析鞭辟入裡,讀者可引用這些原則在股市中尋找自己關注股票,若無時間對個股詳細研究,書中所評估的個案由於資料蒐集周全,解析條理晰明,亦可直接選為關注標的。

　　最後,個人認為本書中有兩句話,是這本書最具畫龍點睛之效的雋語,先在序中提出來與讀者分享:「把每一筆股票當成一筆重要的投資,投資前充分了解標的,投資後安穩的持有,以賺收益為主、價差為輔」,以及「真正能夠符合『安全、收益、流動』的資產,真是少之又少。能夠符合這項條件的標的,就是最佳的資產」。

## 自序
# 掌握獲利的引擎，
# 積極布局，等待微笑！

　　關於投資這件事，我一直很保守。1981 年時，我隻身在臺北工作，當時一個月的薪水只有 1 萬元左右，決定開始投資股票。當時相關資訊完全不發達，我看了半天，選了當時股價只有 7.9 元的「中國力霸」，這是我人生中第一張股票！

　　大概隔了 3 個月，這支股票都沒有漲，我實在等得不耐煩，就以 7.6 元賣掉，賠了 300 元和一點手續費。幾年後，臺灣股市整體大漲，「中國力霸」也跟著水漲船高，1989 年 9 月時到了最高價 107 元，但是也不用太高興，因為又再幾年之後，這檔股票歷經巨額虧損及大量負債，更涉嫌大規模違法掏空及超貸，整個集團瓦解，股票也成了壁紙。

　　每當想起這段往事，我就覺得好笑，因為我什麼都不懂，也沒什麼錢，就想學人買股，於是選了最便宜的這一檔。後來我才理解，這檔股票淨值只有 10 元左右，而且從來不發現金股利，負責人的誠信大有問題，投資這樣的股票絕對不會賺錢，就算賺到也只是運氣好而已。小賠 300 元，給當時的我一個很深刻的教訓，之後我認真研究，開始採用價值投資及存股。

## 投資股票就該像滾雪球

對於投資股票，華倫·巴菲特（Warren Edward Buffett）曾說：「人生就像雪球，最重要的是找到溼漉漉的雪，以及夠長的山坡。」其中「溼漉漉的雪」，就是公司負責人誠信良好、在很便宜的價格時買進、現金殖利率達到 6% 以上、穩定配股配息的股票；「夠長的山坡」就是利用複利公式，把雪球股越滾越大。

巴菲特的成功，我一直心嚮往之，所以多年來不斷閱讀他的相關著作，深入了解他的投資經驗與策略，再加入我自己多年來投入股市的見解與經驗，建立了「168 微笑曲線獲利法則」。這個法則的意思，簡單的說，就是某支股票的「股價已有一段時間呈現一字形」、但「持有它的股利報酬卻穩定的維持 6% 左右」，而且「一段時間後，股價具有爆發的潛力，股價上揚，形狀像是在微笑」。

巴菲特所說的「滾雪球」，其實是一個很簡單的道理，我們可以這樣舉例：如果你現在才剛大學畢業，每年存下 10 萬元的本金，持續買殖利率超過 6% 的股票，15 年後將擁有超過 200 萬元以上的本利和。若是覺得 15 年太長，那就想辦法 1 年存 20 萬元，一樣找 1 張殖利率超過 6% 的股票，5 年之後的本利和會有將近 120 萬元。

想要把雪球股滾大，168 微笑曲線是非常有效的模式，它的優點在於，可以保住本金安全，股票持有期間可以有適當而穩定的收益，不需要天天擔心股價起落，再搭配以 5 年平均現金股利計算股價的公式，就可以穩穩的滾雪球。

價格公式：（註：不適用於高價股、景氣循環股）

便宜價＝ 5 年平均現金股利 ×16 倍（現金殖利率 6.25%）

合理價＝ 5 年平均現金股利 ×20 倍（現金殖利率 5%）

昂貴價＝ 5 年平均現金股利 ×32 倍（現金殖利率 3.125%）

詳細計算方式可見《存好股，我穩穩賺！》一書。

## 學會賺錢是權利，也是義務

每個人的資質相差不大，但一生的成就可能相差很遠，關鍵之一就是教育。數十年來，我國大力推展教育工作，提高人民知識水準，表現出來就是工商業發達及人民生活水準提升，可惜的是，在理財教育方面，較為欠缺。

良好股票投資的知識是很重要的，國人從小就應該建立正確的觀念，尤其是現代資訊發達的社會，股票投資是可以兼具「安全」、「收益」及「流動」三大特性的資產，擁有良好的股票投資知識，絕對是有益的。但是，目前即使大學畢業生，對股票一無所知的還是大有人在，非常可惜；另一方面，股市的炒作、投機風氣還是很盛，這些對國家、社會及個人都沒有幫助。

因此，我以價值投資法為主軸，寫出個人多年的心得，希望每位投資人都能夠穩健的理財，從股市得到適當的報酬。

## 「168 微笑曲線」與「獲利引擎」

在 168 微笑曲線獲利法則裡，強調「投資於較低位階、具有穩定股利收益，又有潛在獲利能力的公司」。股價具有潛在獲利能力，是因為公司具有「獲利引擎」，這獲利引擎可能是新產能、新市場、景氣因素或母以子貴（子公司賺錢，母公司受惠）等。

　　獲利引擎是公司營業收入及盈餘成長的動力，也是構成 168 微笑曲線的動力，投資人了解它，對投資的績效大大有益。本書舉了很多「獲利引擎」的個股例子，讀者可舉一反三，將這個方法運用到選股之上。

## 想賺波段，就要超前部署，而且永不嫌晚

　　我家樓梯間鞋櫃上的布鞋，曾經好幾天都被壓得扁扁的，為什麼會這樣？原來是有小貓晚上偷偷進來睡覺。

　　後面陽臺一向因為陽光不足、種花種草長得不好，某日卻無緣無故長了一株強壯的植物，起先太小不知道這是什麼植物，後來長大才知道原來是百香果。

　　好事不斷發生，難怪股市投資相當順手，不少股票是獲利亮麗！不過，我可不是迷信人，我清楚知道真正的原因，是自己對股票的「超前部署」，很早就採用「存股」的策略，一旦大行情來臨，自然就水漲船高！例如台汽電（8926）、元大金（2885）、群益期（6024）、裕民（2606）、國票金（2889）等，都在低檔買好、等在那裡。

　　以國票金（2889）為例，我於 2018 年 4 月以 41.2 萬元買進 40 張，每股成本 10.3 元。3 年半來，現金股利 9.78 萬元，股子 3,035 股，每股的成本降為 8.23 元。目前繼續持有中，以股價 15.55 元計算，獲利 35.5 萬元，報酬率 86.17%，相當不錯。

　　既然超前部署很重要，現在股市已大漲，是不是已經太晚而無法「超前部署」了呢？不會的，這個市場很大，機會很多，市場上隨時有許多值得你去布局的股票，所以，「超前部署」永遠

不會嫌晚，只怕裹足不前。

## 投資是一輩子的事業

　　股票投資是專業，但不深奧，用認真的態度、把握方向、把情緒管理好，這些比選股技巧、賺短線價差更重要。

　　上班族，股利就是多一份薪水，累積財富的速度加快，是走向富裕的途徑；退休族，擁有源源不絕的股利收益；小資族，持續滾雪球，把雪球變大，遠離可怕的貧窮循環。

　　獨立的判斷，理性的思考每一筆投資，投資就是要穩健的獲利，奮勇的追高只會套在高檔，絕望的殺低只會殺在低檔，這些動作都是致命的。

　　非常感謝台灣汽電共生公司前董事長張明杰先生在百忙之中，為本書撰寫推薦序文。張董事長原任台電公司副總經理，2016 年 11 月接任台汽電董事長後，積極承攬許多再生能源工程，讓公司的營收快速增加，他認為未來再生能源的建置，以及後續的維護與營運，是台汽電穩定成長的商機。

　　也由衷感謝臺北大學兼任副教授陳泉錫博士為本書撰寫推薦序文。陳博士在成大就學時就是校運的風雲人物，參加 400 公尺及 400 公尺接力多次奪冠，為本班爭光，也可見他體魄強健，大學畢業後赴美進修，獲得美國雪城大學資訊管理博士，歷任財政部財稅資料中心組長、法務部資訊處處長、財政部財政資訊中心主任等職。

　　還有內人郭秀美、長子溫仲景在本書撰寫過程，給予許多寶貴意見、協助審核、校對，在此一併致謝。

## 第一章

# 現在還可以進場嗎？
# 我的答案
# 跟 7 年前一樣

別因為覺得明天可能會找到更好的投資標的，就放棄你今天看好的項目。

——股神 華倫·巴菲特
（Warren Edward Buffett）

# 第一節
# 天天都是獲利好時節，但你得先去開戶

2021 年初，長期處於低價位的航運股股價出現緩慢上揚，到了第 2 季開始大漲特漲，其中，陽明（2609）從 2021 年 1 月 4 日的 30.7 元，飆升至 2021 年 7 月 7 日的 234.5 元，股價翻了六倍多；萬海（2615）從 53.3 元漲至 353 元，漲幅達 562%；長榮（2603）從 42.15 元漲至 233 元，慧洋 -KY（2637）從 24.5 元漲至 121 元，漲幅分別為 453％ 及 394％。「航海王」的飆漲，較之前生技股「天國一輝」的中天（4128）、杏國（4192）、合一（4743）、杏輝（1734）爆漲行情，有過之而無不及。

2021 年 5 月 11 日台股上市成交爆量 7,251 億元，加上上櫃成交 867 億元，合計 8,118 億元。其中當沖占 5,845 億元。當日買進賣出的「不留倉」（當沖）成為股市顯學，占比來到 52%，打破紀錄，行情火熱！

萬海（2615）從一股 15 元左右暴漲到 340 元；陽明（2609）從一股 6 元暴漲到 195 元，漲幅分別是 22.67 倍及 32.5 倍！

再看到原物料行情，鋼鐵、黃豆、銅、原油等原物料商品的國際價格大漲。回想疫情爆發初期，美國股市暴跌，觸發好幾次熔斷機制。由於疫情嚴重影響經濟，世界各國以大幅度降息、大量發行貨幣來因應。許多國家的 10 年期公債利率降到零以下，個性急躁的前美國總統川普，當時還斥責聯邦準備理事會（The

Federal Reserve System，簡稱聯準會）降息速度太慢。這些場景，恍如昨日。

沒想到，才沒多久，經濟的樣貌又已經大不相同。過多的鈔票，帶動物價上漲，也觸動通貨膨脹的神經。

**〔圖表 1-1〕陽明（2609）週線圖**

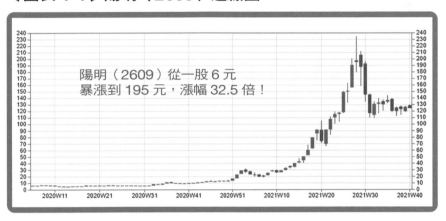

（資料來源：台灣股市資訊網）

**〔圖表 1-2〕萬海（2615）週線圖**

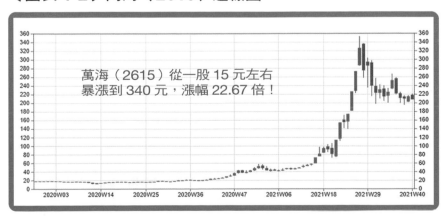

（資料來源：台灣股市資訊網）

# 2021 年台股一直創新高，但你賺到了嗎？

2021 年台股加權指數創新高，生技股、半導體股、IC 設計股、面板股、航運股、鋼鐵股、塑化股等一一粉墨登場，大漲特漲，你有賺到嗎？為什麼沒有賺到？

有賺到的多半是下列這些類型的人：

- 大收證券交易稅（簡稱證交稅）稅金的政府。

- 盈餘暴增的券商。

- 手上股票市值大增的大股東們。

- 擁有很多股票的金控公司及壽險公司，例如富邦金控、國泰金控的盈餘年增率即高達 100％以上。

- 穩健的存股族。

- 一部分技術分析者。

- 一小部分當沖者。

沒有賺到的則是下面這些：

- 一直懷疑行情而遲遲未進場者，他們既然未曾進場，當然與賺錢無緣，錢不會從天上掉下來。

- 看壞行情，放空股票或期貨者。

- 一部分技術分析者。

- 大部分當沖者。

〔圖表 1-3〕2021 年前 3 季金控雙雄盈餘比較表

| 公司名稱 | 2021 年前 3 季 | 2020 年前 3 季 | 年增率 |
|---|---|---|---|
| 富邦金控 | 1302.0 億元 | 682.1 億元 | 90.88% |
| 國泰金控 | 1221.8 億元 | 633.4 億元 | 92.90% |

## 進場投資，永不嫌遲

很多人會遲疑，「股價這麼高，現在進場是不是太危險了？」其實並非如此，進場投資，永不嫌遲。**所謂「股價這麼高」，其實許多人指的是「加權指數」很高，而沒有真正去了解「個別股票的價格」是不是真的偏高。**

例如 2017 年 5 月 31 日台股上萬點，許多人看到萬點就說股價太高，但看個股的話，台積電（2330）當時股價才 200 元，現在是 600 元，所以當時進場，股價並沒有特別高！

還有，近來大漲的面板王、航海王、鋼鐵人股票，當時的股價都還在 10 元左右，股價怎麼會太高呢？

**現在指數又更高了，還可以進場嗎？**

**我還是要說：當然可以！**進場投資永不嫌遲，就怕你一再遲疑、不敢進場，變成與股票無緣的人，也等於與財富無緣。

但是，要進入股市之前，投資人還是必須先做一些準備工作，我的建議是：

- 降低獲利的預期，把獲利目標設在 10％至 15％的中低水準，不要貪心。雖然飆股不斷出現，當沖、短線的氣氛火熱，非常誘人，但短線就是風險比較大，並不是穩健投資人所要的。

- 從增加收益的角度出發，多一些耐心，存股的效果就會很好。挑選好股票，而且在「便宜價」、「合理價」買進，即使股市震盪，也不用怕。

- 投資人如果做到不貪心、不害怕，就可以提高獲勝機率，這樣每天都是投資好時節！

 投資小故事

### 關於積極進場

股市是很好的市場，要積極進場才是王道！

關於積極進場，有個故事，某日巴菲特演講，有人問他：「現在還可進場嗎？」他說：「等知更鳥叫了，春天已經快過去了！」意思就是趕快進場吧，還等什麼呢？

某日我朋友也問我：「現在還可進場嗎？」我說：「可以啊！」當時是七千多點，我反問他為何還不進場？他說：「現在進場，萬一跌到 4,000 點怎麼辦？」

聽到他的回答，我突然想起「夏蟲不可語冰」、「對牛彈琴」、「話不投機半句多」這些名言。

# 第二節
# 股市從不辜負時間，別急著一夜致富

　　投資人抓到飆股的話，只要抓到一支漲停板，資產就增值 10％（註：臺灣金融監督管理委員會規定，台股最大漲跌幅度限制為 10％，歐美股市多半沒有漲跌幅度限制，馬來西亞、泰國、上海等新興市場，漲跌幅度則為 10％～ 30％），那真是太棒了！如果像某些個股一連漲停 10 支，資產就能增值 159％，那簡直像沖天炮了！

　　但天底下哪有這麼好的事呢？如果真的有，那大家就不用辛苦上班，也不需要長期存股了。那些極少數一連漲停 10 支的案例（妖股），並不是常態。反而是一連跌停 10 支的案例並不少見，如果碰到這種股票，簡直是欲哭無淚。

**〔圖表 1-4〕晶宇（4131）日線圖**

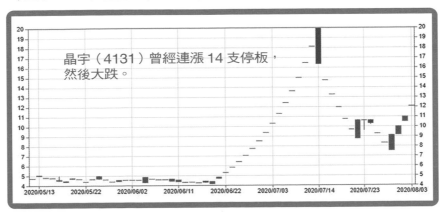

晶宇（4131）曾經連漲 14 支停板，然後大跌。

（資料來源：台灣股市資訊網）

2021 年第 2 季，面板王、航海王、鋼鐵人真的就是天天漲停板，火熱的行情極為少見，前面說過萬海（2615）從 15 元暴漲到 340 元，漲幅 22.67 倍；陽明（2609）從 6 元暴漲到 195 元，漲幅 32.5 倍！這麼令人驚奇的行情，帶動更多投資人一方面努力找下一檔飆股，一方面大量當日沖銷、不留倉，以避開被套牢的風險。

例如 5 月 31 日當天，長榮（2603）成交值達 678 億元，當沖比達到 61.42 ％；陽明（2609）成交值達 535 億元，當沖比 66.72 ％；群創（3481）、友達（2409）也分別成交 218 億元及 185 億元，加上中鋼（2002）、中鴻（2014）等十大人氣股，成交值占比竟高達 44％。

〔圖表 1-5〕2021 年 5 月 20 日的一般交易及當沖占比

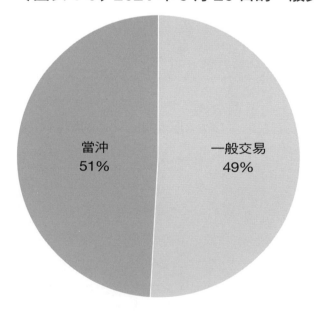

成交值集中於航海王、鋼鐵人，當沖、投機火熱，已經出現股市不健康的現象，也許之後會改善。

## 想找飆股，有以下幾個方法

我不是短線方面的專家，本書也不贊同做短線，下面這段文字是觀察許多投資人做短線、找飆股的幾種概況。

● **買進強勢股**：有人喜歡買進有題材、消息面的強勢股，例如平面媒體出現大篇幅的報導，當天就可能大漲。有人則喜歡買漲停板的股票，認為漲停板就是強勢的表現，今天漲停，往後就有機會繼續漲停。但這種方法很容易出錯，我曾實際觀察農林（2913）、基泰（2538）等多檔股票，它們都曾經在漲停板一天之後，第二天就弱勢，而不是繼續強勢。

還有，對於那些很強勢、已經漲一大段的面板王、航海王、鋼鐵人股票，用這種「買進強勢股」方法，萬一接到最後一棒怎麼辦？所以風險也很大。他們捨不得這些強勢股標的，又要避開風險，就只能改採「當沖」的方式。

● **採用技術分析**：技術分析是投資人找飆股、做短線最常用的方法，工具包括均線理論的均線排列情況、三大法人買賣超金額、MACD 指標、KD 指標，以及外資期貨多單數量的變化，還有更多複雜的指標，市面上也有相關著作及專業的軟體出售。

● **尋找「偶像」的明牌**：台股當沖近期變得異常熱絡，市場也出現許多明星級的當沖客，例如凱基證券的「松山哥」、元大證券的「永寧哥」、富邦證券的「建國哥」，以及專攻航運股的

「航海王」，他們的事蹟、手法迅速的傳開，當沖的標的也成為許多當沖客打聽的對象。

要如何知道這些明星當沖客的買賣標的？在證券交易所的網站中，有各券商「各分點」的詳細成交情形，例如某一天「兆豐證券虎尾分行」有客戶大量買賣陽明（2609），買進 7,029 張、賣出 4,720 張，就可以猜到這位「虎尾哥」所進出的股票。

● 參考國際相關指標：利用國際行情指標，研判台股個股的走向，例如台積電（2330）在美國有發行存託憑證 ADR（American Depositary Receipt），理論上現股價位與 ADR 是同步的，如果前一天台積電 ADR 的價格大漲，台股這邊就趕緊跟著買進。又例如，國際上的銅價格大漲，就買進電纜股宏泰（1612）、華榮（1608）等相對應的股票；國際原油價格大漲，

投資小知識

## 存託憑證

存託憑證（Depositary Receipt，簡稱 DR）是指企業要在國外上市發行股票，必須透過存託憑證的方式，將股票交付給國外的存託機構，以當地的幣值計價發行，出售給外國投資人。臺灣企業要在美國上市，必須透過美國存託憑證的方式，就稱為 ADR（American Depositary Receipt）；外國企業要在臺灣上市發行股票，同樣必須透過臺灣存託憑證 TDR（Taiwan Depositary Receipt）。

就買進台塑（1301）或台塑化（6505）等對應的股票；國際散裝船運價指數（BDI）大漲，就買進裕民（2606）、慧洋-KY（2637）等散裝船股票。

　　這種方法有效嗎？是的，這種方法有效，而且是投資人要有的基本概念，但同一行業裡的個別公司優劣不同，要能選對好公司才會有好績效。

## 當沖是賭博，不是投資

　　買股票是投資，但急功近利的話，很容易就變成賭博。賭博會有什麼下場？一般來說，就是沉迷、不務正業，結果弄得賣田、賣地、傾家盪產，夫妻失和、父子不睦，難怪前輩們都說股市是賭場，嚴禁後輩涉入股市。

　　所以，投資人一定要把持住，不要讓自己陷入賭博的險境。

　　股神巴菲特的搭檔，波克夏公司（Berkshire Hathaway）副董事長查理・蒙格（Charles Thomas Munger）也這樣說：「如果把投資當作在賭場賭錢，以賭博的方式投資就不會做得很好。因為你會很在意目前的結果，沒有耐心。這種在賭場的人和我的投資風格不一樣，不是我的信徒，就不能做到知行合一。資本市場有許多愚蠢的賭徒，這些人的成績不如有耐心的投資者好。」

　　買股票要賺錢，就要找好股票、長期投資，就像是做人一樣，要真誠、實在、照步驟來，不能急功近利。投資人應該把每一筆股票都當成一筆重要的投資，投資前充分了解投資的標的、報酬率，投資後安穩的持有，以賺收益為主、賺價差為輔，這樣的方式才正確。

　　開放股票當沖，是當年政府看到股市成交量不足，提出了許多振興股市的方法之一，開放好幾年來倒也平安無事，但是如今變質了，**當沖已經變成賭博。**

　　當時在媒體看到開放的消息時，我就認為這是不好的做法，因為會傷害到投資人，股市反而會衰敗。也就是說，股市要興旺，是要讓所有投資人都賺錢，投資人賺了錢就會再投入更多的資金，股市就更興旺。

　　開放當沖是振興股市的強心劑，但會讓投資人賠錢，其實早就應該停止了，否則投資人在陸續虧損後遠離股市，股市也就衰敗了。

 投資小故事

## 某大戶曾當沖聯發科 998 張

　　聯發科（2454）於 2021 年 4 月 28 日法說會中宣布超級利多，要「連續 4 年」加發「特別現金股利」每股 16 元，2021 年發放的現金股利變成 37 元。某外資券商研究員馬上評估說聯發科的股價可值 2,000 元。

　　次日，聯發科（2454）直攻漲停 1,185 元，但再次日竟然跌停，大幅震盪，真是人算不如天算！

　　據說某大戶在此役中當沖了 998 張，一張相差 8 萬元，總計賠了將近 8,000 萬元。這種風險太大，一般投資人沒必要嘗試。

## 我買兆豐藍籌 30，年報酬率 17%

假使你沒有跟上這波面板王、航海王、鋼鐵人的大行情，該怎麼辦？要跟著大家玩當沖嗎？其實大可不必，股市浩瀚如大海，賺錢機會很多、很多，這次沒跟上，平常心看待就好，擺在面前的機會數不盡、賺不完。

投資的健康心態是穩健獲利、財富自由就好，不必貪心想賺到全世界的財富。更不能急功近利，把投資的本質變成賭博的性質，那是可能毀掉一生光明前途的歧路，絕對划不來。

本書就是要分享一個穩健獲利、財富自由的方法。後續各章會陸續推出精彩的內容，例如：

- 168 微笑曲線獲利法則（第二章），會說明各種股票的利基，例如哪些是成長股、轉機股、景氣循環股、大艦隊概念股，以及把握的方法。
- 「存股」教戰手則（第三章），會說明價值投資的精妙，從選好股開始，如何把握八大支柱，讓你的資金能夠兼具安全、收益、流動三大特性。
- 21 檔股票個案研究（第四章）。
- 「銅板股」的魅力與機會（第五章）。
- 找錢買股票，做好資產配置（第六章）。
- 指數型 ETF 投資方法（第七章）。
- 把握「時間元素」與「買賣時機」（第八章）。
- 重要名詞與觀念（第九章）。

為了說明長期布局，自然有成，在此舉一個我投資兆豐藍籌 30（00690）的實際案例：

我於 2017 年 7 月買進兆豐藍籌 30（00690）30 張，每股成本 21.54 元，總成本 64.62 萬元。

4 年間每股現金股利 3.43 元，因此，每股成本降為 18.11 元。

2021 年 7 月初股價 33 元，依此估計獲利金額 44.67 萬元（〔股價 33 元—成本 18.11 元〕×30,000 股）

獲利占比 69.13%（〔44.67 萬元÷64.62 萬元〕×100%）

年報酬率約 17.28%（〔69.13%÷4 年〕×100%）

目前繼續持有中。

從這個案例可以了解投資績效優異的方法，不必像當沖一樣緊張，而且充滿風險，反而是很輕鬆的。本書各章還會分享更多的案例。

### 〔圖表 1-6〕兆豐藍籌 30（00690）週線圖

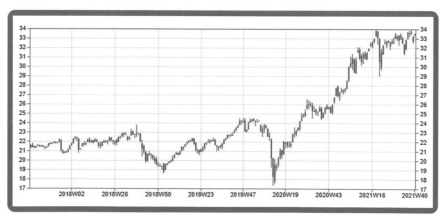

（資料來源：台灣股市資訊網）

## 第二章

# 168 微笑曲線獲利法，讓你一路發發發

市場總是會過度低估那些不熱門公司，正如會過度高估那些熱門公司一樣。

——價值投資之父 班傑明·葛拉漢
（Benjamin Graham）

## 第一節
# 躺領股息又爽賺價差——
# 168 微笑曲線獲利法則

　　要想穩健又獲利，聽信明牌既然行不通，那有其他比較好的方法嗎？

　　我首創的「168 微笑曲線獲利法則」，就是一個穩健獲利的方法，除了穩健的利息收益，還可獲得價差的驚喜，我自己就曾經有幾個案例做得很成功。

　　例如裕融（9941）曾經是一支成交量很少的冷門股，我在19 元低價的時候買進，之後連續 3 年都維持在低檔區，就是不漲，線圖看起來就像長長的「一」字型，但公司獲利好，每年現金股利最低也有 1.5 元（殖利率 7.9％），我覺得很不錯。

　　到了第四、五年，股價從 19 元強勢上漲到 46 元，這時我就賣出了，獲利一倍以上，很滿意。至於後面還有一大段上漲行情，到現在股價都已經一百多元了，但那也是沒有辦法的事。

　　另一個例子是福興（9924），我在 18 元低價的時候買進，現在大約是 45 元，每年都能領到不錯的現金股利，感覺很棒，所以也沒有賣出。最近 5 年的平均現金股利是 2.48 元，按照 18元的成本計算，每年擁有 13.78％的報酬率，比起銀行一年期定存利率約 0.75％，持有這支股票真是太棒了，就繼續持有吧！

〔圖表 2-1〕裕融（9941）月線圖

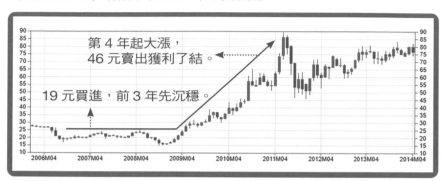

第 4 年起大漲，
46 元賣出獲利了結。

19 元買進，前 3 年先沉穩。

（資料來源：台灣股市資訊網）

〔圖表 2-2〕福興（9924）近 5 年股利配發情形

| 除權息年度 | 現金股利（元） | 股票股利（元） | 股利合計（元） |
|---|---|---|---|
| 2017 年 | 2.8 | 0 | 2.8 |
| 2018 年 | 2.0 | 0 | 2.0 |
| 2019 年 | 2.4 | 0 | 2.4 |
| 2020 年 | 2.6 | 0 | 2.6 |
| 2021 年 | 2.6 | 0 | 2.6 |
| 5 年股利合計 | 12.4 | 0 | 12.4 |
| 5 年股利平均 | 2.48 | 0 | 2.48 |

# 168 微笑曲線獲利法則

　　我從這兩個例子，發展出「168 微笑曲線獲利法則」，因為「168」諧音「一路發」，所以也稱為「一路發」存股法，這樣可以加深印象，也非常吉祥。至於「微笑曲線」，是指它的線型在股價上漲後，由「一」的形狀，變成右邊往上提升，彎曲的形

狀就像微笑（見圖表 2-3）。

而 1、6、8 這三個數字的意思，是這樣的：

- 1：是指股票平淡無奇，股價「水波不興」，價格就是沉悶、不漲，線圖呈現「一」的形狀。

- 6：是指持有期間可以擁有 6％的投資報酬率，有好的收益可以增強持股的耐心和信心。這是非常重要的一點，因為有這麼好的報酬率，就要把握在低價買進，而不是去介意它短期的漲跌，這一點和追逐熱門股的人，心理上有極大差異。

- 8：是「發」的諧音，股票價值出現可觀的上漲後，累積的能量會帶來 80％以上的報酬。

〔圖表 2-3〕168 微笑曲線示意圖

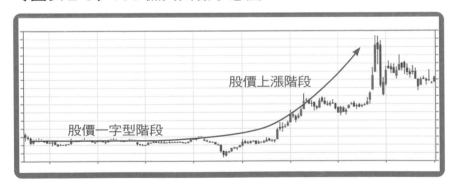

股價上漲階段

股價一字型階段

## 關於 6%收益率的考量

很多人會想，既然「168」是個法則，報酬率是不是一定要達到 6%這個水準？如果只有 4%或 5%，是不是也可以呢？

研究投資是社會科學，不是精密的自然科學，收益率能到 6%以上當然最好，但如果只有 4%、5%也是可以接受的，因為有些股票是成長股，未來上漲的潛力大，在投資人不願意便宜賣出之下，只能用稍高的價格買進，否則可能買不到。

## 關於「8」的考量

8 是「發」的諧音，同時也是上漲的意思。是指股票經過一段時間的沉潛以後（也許是幾個月、也可能是幾年），終於出現可觀的上漲，累積的能量往往帶來 80%以上的報酬，但這不能解釋為「當漲幅達到 80%就是賣出的點」。

曾有讀者把它解讀成「當漲幅達到 8 成就可賣出」，其實不是這樣，因為每檔股票要漲到什麼程度，要由這些個股的特性來決定，並非每一檔股票都是讓你賺到 8 成就不會漲了。

## 第二節
# 建造一個可以「循環收穫」的投資農場

　　168 微笑曲線獲利法則，是讓平時有穩健的收益，偶爾還可獲得價差驚喜的方法，如果投資人建構了很棒的組合，變得可以經常從不同標的獲得價差驚喜，而不是很久才等到一次，就會變成「循環收穫投資法」。

　　循環收穫投資法是由很多個 168 微笑曲線的股票組合而成，要能循環收穫，首先要及早「播種」，也就是買進多檔「價格被低估」的好股票，平時先領股利，享受它們的收益，一段時間後當某一檔可能率先上漲，如果漲幅可觀，到達某一程度就可以收割了，再過一段時間，可能又有另一檔時機成熟而大漲，等漲到某一程度後也可以收割了！

　　就這樣播種、存股、收穫，周而復始，不只一直都有股利可領，也有高股價可賣，年年都是豐收。我曾買進的下列這幾檔，表現都讓人驚豔：

- 花仙子（1730）股價從 2015 年 10 月 30 元起漲，最高到 98 元。
- 祺驊（1593）也是從 2015 年 10 月 30 元起漲，最高到 152 元。

- 慧洋-KY（2637）從 2020 年 3 月 19 元起漲，最高到 121 元。
- 裕民（2606）從 2020 年 3 月 22 元起漲，最高到 96.4 元。

　　股價上漲需要盈餘成長及時間發酵，當航海王、鋼鐵人都已經大漲，風險正在增高之際，我卻努力播種一些較低位階而有潛力的股票，靜待未來豐收，這就是我的「循環收穫投資法」。

 **投資小故事**

## 我的割韭菜循環投資法

　　韭菜是生命力極強的蔬菜，氣味濃厚，沒有病蟲害，所以無須灑農藥，是很好的健康食品，收割地面上的莖葉後，不久會再長出來，下個月又可收割第 2 次。

　　我曾種植一畦韭菜，我把它分為 4 個小區。第 1 週收割第 1 區，第 2 週收割第 2 區，第 3 週收割第 3 區，第 4 週收割第 4 區，到次月第 1 週又回到第 1 區收割，就這樣周而復始，一直都有韭菜吃，這就是循環收穫的方法，而當中有 2 個重要因素，就是「成長」與「時間」。

　　投資股票也是同樣道理，首先要「播種」，買進好股票，然後平時「存股」領股利，一段時間後，它可能出現大幅度上漲，等漲到某一程度後就可以收割，再一段時間後，可能又有另一檔時機成熟而大漲，就可以再收割啦！

〔圖表 2-4〕祺驊（1593）股價走勢圖

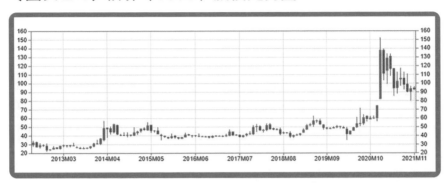

〔圖表 2-5〕慧洋 -KY（2637）股價走勢圖

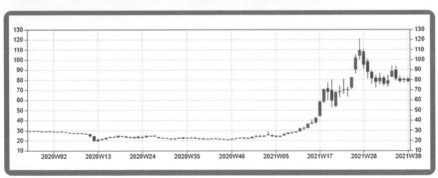

〔圖表 2-6〕裕民（2606）股價走勢圖

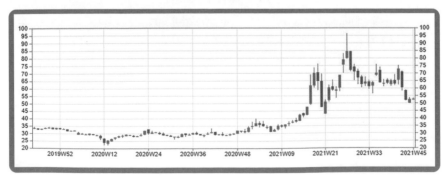

〔圖表 2-7〕祺驊（1593）近年股利配發情形

| 配發年度 | 現金股利（元） | 股票股利（元） | 股利合計（元） |
|---|---|---|---|
| 2021 年 | 3.58 | 0 | 3.58 |
| 2020 年 | 3.20 | 0 | 3.20 |
| 2019 年 | 4.00 | 0 | 4.00 |
| 2018 年 | 3.24 | 0 | 3.24 |
| 2017 年 | 3.00 | 0 | 3.00 |
| 5 年平均 | 3.40 | 0 | 3.40 |

〔圖表 2-8〕慧洋 -KY（2637）近年股利配發情形

| 配發年度 | 現金股利（元） | 股票股利（元） | 股利合計（元） |
|---|---|---|---|
| 2021 年 | 1.50 | 0 | 1.50 |
| 2020 年 | 1.42 | 0.24 | 1.65 |
| 2019 年 | 1.49 | 0 | 1.49 |
| 2018 年 | 1.00 | 0 | 1.00 |
| 2017 年 | 1.00 | 0.5 | 1.50 |
| 5 年平均 | 1.28 | 0.15 | 1.43 |

〔圖表 2-9〕裕民（2606）近年股利配發情形

| 配發年度 | 現金股利（元） | 股票股利（元） | 股利合計（元） |
|---|---|---|---|
| 2021 年 | 1.20 | 0 | 1.20 |
| 2020 年 | 1.90 | 0 | 1.90 |
| 2019 年 | 1.80 | 0 | 1.80 |
| 2018 年 | 1.20 | 0 | 1.20 |
| 2017 年 | 0.75 | 0 | 0.75 |
| 5 年平均 | 1.37 | 0 | 1.37 |

（資料來源：台灣股市資訊網）

## 第三節
# 漲價的元素——
# 收益、潛力、時間

　　168 微笑曲線獲利法則有三個重要元素，第一個是「收益元素」，也就是穩定的報酬率，是在持有過程中每年擁有 6％以上的報酬率。因為報酬率與收益及成本相關，為了有好的報酬率，就必須把握在相對便宜的低點買進。

　　第二個是「上漲元素」，就是未來會推動股價上漲的潛力。

　　第三個是「時間元素」。時間雖然看不見，卻是非常重要，如果你的股票已經具備收益及上漲元素，那麼只要再加上時間就可以了。時間會將股價低於「它的內在價值」的股票，推升到應

〔圖表 2-10〕168 微笑曲線獲利法則 3 元素

有的價位，甚至推升得更高。例如前述的裕融（9941），在經過許多年後股價終於從 19 元漲至百元以上，福興（9924）也是經過六、七年後股價從 18 元漲至 45 元。

## 上漲元素有 7 種，你抓到哪一種？

下列就是未來會推動股價上漲的因素：

● 盈餘大幅成長者。

● 產業景氣上升，產品價格上漲之受惠者。

● 有新事業、新商品、新市場開展者，以及「母以子貴」者。

● 股價明顯偏低者（股價被錯殺、公司價值未被發現、股災造成下挫等原因）。

● 新臺幣升值，享有大量匯兌利益者。

● 有出售房地產或類似之業外收入者。

● 小而美、籌碼少，容易受到資金青睞者。

可以從台汽電（8926）及鉅邁（8435）這兩家公司的例子，來看上漲元素的影響。台汽電（8926）現金股利穩定增加（見第 171 頁圖表 4-81），殖利率維持 5％ 左右，而股價則是沉悶了很長一段時間，但它近年發揮專業，承攬工程數量顯著增加，帶來營收和盈餘的增加，另外還併購苗栗電力公司、新增太陽能電廠等，具備這些上漲元素，所以股價已經上漲到 40 元，若是投資人從 20 元開始持有，在股利及價差雙重收穫下，獲利可說是滿載而歸。

　　鉅邁（8435）近 5 年的現金股利平均 3.27 元（見第 165 頁圖表 4-76），是一家有穩定股利的公司，如果在 50 元以下的價位買入，就是具有年報酬至少 6.4％的「穩定報酬率」的股票。雖然公司將業務範圍擴張到中國及越南市場，值得期待，但實際上營收的增加並不顯著，若從盈餘成長角度來看，目前尚看不出強力推升的訊息。但在低利率時代裡，有穩定的現金股利，加上籌碼有限（股本僅 3.17 億元），這種「小而美」的公司一旦受到資金青睞，股價就有可能水漲船高，所以它的上漲元素就在於高額股利及籌碼少的企業體質。（第四章有鉅邁的更詳細分析）

〔圖表 2-11〕7 種「上漲潛力」

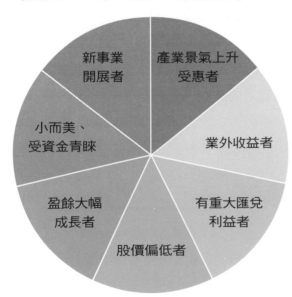

〔圖表 2-12〕「上漲潛力」舉例說明簡表

| 上漲元素 | 個股舉例 |
|---|---|
| 盈餘大幅成長 | 台積電（2330）、元大金（2885）。 |
| 新事業開展 | 台汽電（8926）、豐興（2015）、佳世達（2352）。 |
| 母以子貴 | 佳世達（2352）對「大艦隊」子公司盈餘之認列。潤泰集團對南山人壽盈餘之認列。 |
| 股價偏低 | 國票金（2889）、群益證（6005）、開發金（2883）。 |
| 匯率方向有利 | 大統益（1232）。 |
| 土地類業外收入 | 達新（1315）。 |
| 利息類業外收入 | 期貨商（存入保證金的利息收入與利率有關）。 |
| 產業景氣上升，業績成長 | 營造、電線電纜、證券。 |
| 產業景氣上升，產品漲價 | 鋼鐵、銅、塑化。 |
| 股災後，金融商品評價損失，大量回沖者 | 壽險股。 |
| 油價低檔反彈，存貨評價損失，大量回沖者 | 台塑化（6505）。 |

〔圖表 2-13〕8 檔潛力股舉例

| 公司<br>（股票代號） | 2021 年<br>（發放年度）<br>股利（元） | 股價<br>（元） | 殖利率<br>（％） | 未來可能推動股價上漲<br>的因素 |
|---|---|---|---|---|
| 鉅邁<br>（8435） | 3.5 | 57.6 | 6.08 | 現金股利穩定，殖利率高，股本僅 3.17 億元，當受到資金青睞時，股價有可能水漲船高。 |
| 開發金<br>（2883） | 0.55 | 13.15 | 4.18 | 有併購中壽、證券子公司獲利增加、出售南京東路大樓收入列帳等，且股價似乎偏低。 |
| 元大金<br>（2885） | 1.2 | 26.5 | 4.53 | 在證券業成交量大爆發之下，盈餘成長佳。 |
| 佳世達<br>（2352） | 1.5 | 30.6 | 4.90 | 開展新事業，有「大艦隊」規模，未來對子公司盈餘之認列將會增加。 |
| 國票金<br>（2889） | 1.0 | 16.4 | 6.10 | 證券子公司、創投子公司貢獻增加，參股 49％的樂天純網銀已開業。併購安泰銀行。 |
| 豐興<br>（2015） | 3.5 | 79.3 | 4.41 | 現金股利穩定，殖利率高，轉投資豐埪資源環保公司（股份 29.71％），而且有不少金融資產。 |
| 新保<br>（9925） | 2.0 | 38.9 | 5.14 | 現金股利穩定，殖利率高，當資金青睞時，股價有可能水漲船高。 |
| 富邦金<br>（2881） | 4.0（含股票股利 1 元） | 72.9 | 5.49 | 公司營收豐厚，在主管機關限制下，每年配息 2 元左右，2021 年配息增至 3 元，並有 1 元股票股利。將來若發現因應 IFRS 17 保留過多的盈餘，也有機會發更多股利。 |

註：「存股變飆股」的例子很多，過去有裕融（9941）、大台北（9908）、中菲行（5609）等，上表 8 檔尚未大漲，僅就其上漲潛力舉例，提供讀者觀察，其中有的股本較大、有的短線上漲較多，都是要考慮的地方。此外，歷史不能保證未來，投資人還是要多留意新聞、年報等，以了解公司的變化。

## 第三章

# 不只存好股，
# 還要超前部署

讓時間和金錢去工作，你只需坐下來等待結果。

——全球第四大共同基金公司富達投資
（Fidelity Investments）
副主席 彼得·林區（Peter Lynch）

## 第一節
# 低利率與高通膨時代，存股代替存錢才會變有錢

從小老師就教我們要儲蓄，儲蓄當然是美德，只是多年來銀行利率很低，儲蓄的方法最好變通一下，從「存錢」改為「存股」以增加收益。所以，存股的第一個特質，其實就是大家熟悉的儲蓄概念。

金錢的儲蓄沒有門檻，隨時都可以進行，即使硬幣也可以，只要把它丟到撲滿就完成了。存股的門檻本來是稍微高一點，但自從開放「零股買賣」以後，即使一股也可以買，例如台泥（1101）一股只要新臺幣 50 元、元大金（2885）一股只要 25 元，投資的門檻消失了，這是存股的第二個特質。不過，若是考慮到券商有單筆最低手續費的規定，單筆交易金額太小就會划不來。

存股還很安全，又有比較高的收益，很適合小資族、退休族、上班族、家庭主婦及一般大眾，這是第三個特質。（關於「存股」可以做到很安全，見第 50 頁。）此外，存股的原理很簡單，邏輯合理，不需要學習怎麼看 K 線圖、趨勢線、波浪理論、KD 指標等技術分析，只要從基本面挑選優質公司投資就好，這是存股的第四個特質。

〔圖表 3-1〕存股的 4 項特質

## 掌握存股 5 重點，獲利可以很驚人

存股要存得好、獲利穩定，有 5 個重點需掌握：

1. 重視資產（股票組合）的「安全性」，打破「股市成功者只有 20％」的刻板印象，所謂安全的目標是要達到 100％獲利。

2. 重視資產的「收益性」，這樣才會讓你股利價差兩邊賺，如果太關注於賺價差，可能導致賺不到價差，又賺不到股利。因為，若是太在意股價的波動，容易追高殺低，造成的虧損大洞，可能連收穫的股利都填不滿。此外，想賺價差的念頭容易讓人買進高價股，同樣的資金能買進的股數有限，配到的股利自然也不會多。

3. 重視累積的存股數量，股數累積得越多，收益就會越多，股利也才會源源不絕。

4. 抱持「中等獲利目標」的心態，目標建議設定在每年獲利 10％～ 15％，這樣的報酬率容易達成，能讓人有信心及動力「存」下去，就算萬一無法達成也沒關係。但也不建議完全不設定獲利目標，因為沒有目標反而會讓人心緒浮躁，容易變成急功近利，而不自覺的轉變成高風險投資。

5. 投資期間要久一點，因為不管是賺股利還是價差，都需要時間的發酵。想想看，銀行存款生利息至少需要一年，果樹從種植到收成也需要好幾年，那些不想花時間就有收穫的方法，其實都是很危險的！

〔圖表 3-2〕當沖與非當沖的交易成本差異

| 投資類型 | 非當沖 | | 當沖 | |
|---|---|---|---|---|
| | 買進時 | 賣出時 | 買進時 | 賣出時 |
| 券商手續費 | 買進成交金額 ×0.1425% | 賣出成交金額 ×0.1425% | 買進成交金額 ×0.1425% | 賣出成交金額×0.1425% |
| 證券交易稅 | 0 | 賣出成交金額 ×0.3% | 0 | 賣出成交金額×0.15%[註1] |
| 證券交易所得稅[註2] | 0 | 0 | 0 | 0 |

註 1：當沖的證交稅有減半優惠，稅率為 0.15%，優惠實施至 2024 年 12 月 31 日。
註 2：自 2016 年 1 月 1 日起停徵。

## 當沖很刺激，但很難賺大錢

不想花時間等待的人，希望所買的股票最好一、兩天就能看到獲利，很多人會用當沖賺價差來操作，現階段的股市當沖就非常熱絡，2021 年 5 月的台股「當沖」占比就高達 50％左右。

這些熱衷於「沖沖樂」的人，每一筆買賣都必須負擔兩次券商手續費（買進及賣出時各收取一次手續費），以及一次的證交稅（當沖的證交稅有減半優惠，由千分之 3 降為千分之 1.5），如果當沖順利賺到價差，一天就可以賺到錢，而且這個獲利目前是免稅（目前停徵證券交易所得稅）。表面上看當沖的成果，當然會令人非常興奮，但其實扣除交易成本後，獲利可能所剩無幾，若是一旦當沖不順，賠了價差，還是必須負擔這些交易成本，虧損的金額也會變得更多。

此外，當沖買賣還有一些隱形的成本，像是為了確保能夠成交，必須以「外盤價」追高，才能快速買進成交，用「內盤價」殺低，才能立刻賣出成功，而這些壓低及抬高的買賣價格都是成本，長期而言是無法成功獲利的。

 投資小知識

### 外盤價及內盤價

由於買賣雙方期望的成交價格不一樣，買方都希望價格低一點便宜買進，賣方則期望價格高一點獲利多一點，當買賣是以賣方開出的價格成交，即稱為外盤價，若是以買方開出的價格成交，即稱為內盤價。

# 存股的最大優勢——安全

談到股票，許多人會顧慮安全問題，萬一出問題賠錢了，再高的報酬率也沒用。不用擔心，接下來就教你怎麼安全存股。

當股市行情出現波動的時候，常見股民驚慌賣股，也有許多融資籌碼被斷頭。但採用「價值投資法」的我，卻可以信心十足的應對，因為相對於股價的起伏不定，股票的「價值」是相對穩定的，如果你的持股是好股票，就不用在這時低價賤賣，要有信心繼續持有，甚至當它出現過度下跌時，可考慮進場撿便宜。低價承接時，也不要想著「非買在最低價不可」，因為這個心理會讓人一直等待最低價的出現，一旦行情回升，錯過時機，可能演變成一張都沒買到。

我平常買股票都是採用價值投資法，這個方法讓我不用擔心投資的安全問題，因為價值投資的基本精神，就是安全第一、超前部署的概念，它有「八大支柱」保護著資產的安全：

1. 只買優質好股票，不是好股票就不買。

2. 在便宜價的時候買進，即使不是很便宜，至少不能買在太高價。

3. 用多檔股票做成投資組合，運用組合的概念避免風險。

4. 每一檔都投資久一點，這樣才能遇到賣出的好價位，而且經由配股、配息可以降低成本，達成賺股利也賺價差的目標。

5. 把股票當成你的重要資產，相信它會帶來良好收益，是每年都會帶來數十萬元（甚至數百萬元）報酬的資產，常常這樣想，就會更有信心！尤其若是它們當年尚未除息，股價都是含息在內的，不久之後就會配息下來，若是賤賣就可惜。它們不是可

以隨意丟棄的彩券。

　　6. 充分了解股票的股性（定存股、成長股、景氣循環股、轉機股），有助於持股的信心。

　　7. 選擇具有盈餘成長動力的股票也很重要。

　　8. 做好情緒管理，不要追高，也不亂殺。看待股票，除了看到交易面的價格，也要看到它收益面的價值。

〔圖表 3-3〕價值投資法的 8 大支柱

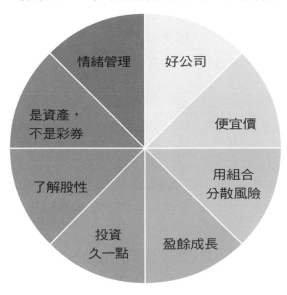

第二節
# 優質好股這樣找──
# 先看公司體質，再等便宜價

要買優質的好股票，就要建立「自選名單」，把那些本質優良的股票列入觀察，平時多關注它們的新聞，等待便宜機會出現的時候買進。如果平時對它們漠不關心，即使機會來了你也不會有信心買進，或是買進後也抱不久。**如果價格不夠便宜，那就先觀望，股價是會波動的，買進機會很多，不怕買不到。**

萬一有些股票的便宜價真的一去不回頭，也沒關係，那就從「自選名單」找其他標的。目前的看盤軟體都有「自選股」功能，可以從 20 檔標的開始建立，再慢慢增加到 100 檔左右，這份名單可以彈性調整，不好的就淘汰掉，多幾檔、少幾檔都無所謂，重點是要經常關注它們，隨時都會有進場的機會。

## 從公司體質找出優質好股

哪些是優質好股票？可從公司體質方面先著手，之後再看價格，下面幾個方向可以列入考慮：（個股的詳細分析請見第四章）

### 1. 每年穩定配息的定存股

如中保科（9917）、新保（9925）、三大電信公司、大台北（9908，瓦斯公司）。

### 2. 各產業中體質強健的龍頭股

如台積電（2330）、國泰金（2882）、統一（1216）、元大金（2885）、台泥（1101）、遠東新（1402）。

### 3. 因併購或其他原因的轉機股

因併購或因股市成交量爆增而獲利翻升的公司，如開發金（2883）。

### 4. 因升息而出現轉機的轉機股

由於先前世界各國降息與量化寬鬆（Quantitative easing，簡稱 QE），我國利率也降到史上最低，例如銀行一年期定存利率從 1% 降為 0.75%，下降幅度達到 25% 之多。但過低的利率與過多的貨幣，在 2021 年已經造成美國消費者物價指數年增率大幅上升，全球各種原物料聯袂大漲，因此，夠敏銳的人已經嗅到升息的氣氛。

 投資小知識

### 量化寬鬆

量化寬鬆是一種貨幣政策，最早由日本在 2001 年時開始這種做法，是指當政府利率極低、甚至趨近於零時，中央銀行投入資金買入企業債券，企業再將這些錢存入銀行，讓銀行有更多資本可以提供貸款給客戶，形成資金流通，達成刺激經濟的目的。

升息有利於銀行股及壽險股,對於銀行股可以提升存放款之間的利差,增加利潤;對於壽險股,則是因為壽險公司在高價時期賣的舊保單,售價比較便宜,當利率下降後會出現較多的利差損,一般情況下可以用買進利率相當的公債來避險,避免利差損的發生,但是持有公債的時間往往無法像保單一、二十年那麼長,所以利差損還是會發生。

但在調升利率後,舊保單與市場利率的差距縮小,利差損就會縮小,另一方面,在低利率時期賣出的新保單,在升息後可能會有利差益,可以抵銷一部份利差損,所以有利。此外,利率調升代表通貨緊縮結束,不動產會增值,而壽險公司通常都擁有很多不動產,是調升利息背後的受益者。

另外,在上市櫃股票中,有些公司擁有很多負債,所以並不喜歡升息,但對於擁有很多定存的公司來說,升息就是大利多,這些公司的業績本來就很好,當利率調升、利息收入增加,它們

 **投資小知識**

## 利差損、利差益

保險公司在賣出保單時,會先預估未來的利率,並為保單預留一筆錢下來,作為未來給付給保戶使用,稱為「責任準備金」。保險公司會運作這筆錢來產生利息,當收穫的利息比賣出保單時的預估利率低時,即是利差損,若是高於預估利率,即是利差益。

就會像吃了大補丸，紅光滿面。例如群益期（6024）、元大期
（6023），它們擁有的客戶存入保證金達數百億，殯葬產業的龍
巖（5530）也擁有「生前契約預收訂金」數百億，升息是很直接
的利多。

〔圖表 3-4〕升息 1 碼的影響

| 公司 | 項目 | 金額 | 影響 |
|---|---|---|---|
| 群益期 | 期貨存入保證金 | 約 393 億元 | 393 億元 ×0.25%＝ 0.9825 億元 |
| 元大期 | 期貨存入保證金 | 約 912 億元 | 912 億元 ×0.25%＝ 2.28 億元 |

註：1 碼＝ 0.25%。群益期的 2020 年盈餘為 6.22 億元、元大期為 10.7 億元，
升息 1 碼對兩家公司的影響甚大。

### 5. 因證券交易成長而業績看好的轉機股

　　台股每日的成交金額從 2014 年的 750 億元，大爆發到 2021
年 5 月的超過 5,000 億元，是證券股業績大好的商機。

　　做生意都有個「損益兩平點」，超過損益兩平點以後，獲利
將大幅增加，所以，證券股的股價很有潛力隨著交易量爆發而上
漲。但證券業的賺錢能力也有優劣之分，即便股價有潛力，仍要
挑選體質較好、業績較佳的公司，像是元大證（元大金的子公
司）、統一證（2855）、群益證（6005）等，可以多加留意。

　　另外，金控公司底下也有證券子公司，如果這些證券子公司
的業績表現好，母公司也會跟著受益，例如凱基證券的開發金
控、永豐金證券的永豐金控、富邦證券的富邦金控，都是母以子
貴的組合。

### 6.「小而美」的小型股

「小而美」是指股本小但本質好,這樣的公司為數還不少,例如水處理的鉅邁(8435)股本只有 3.17 億元、健身器材製造商的祺驊(1593)股本僅 3.52 億元、系統整合商的新鼎(5209)及保險經紀人公司台名(5878),股本都不到 3 億元,比起台積電的股本 2,593 億元、國泰金控股本 1,316.92 億元,這些公司真的是「小而美」。

在籌碼有限的情況下,小型股如果有優越的績效,或是有利多題材,都容易引起主力、投信介入拉抬。曾有讀者分享他用 53.9 萬元買進祺驊(1593),之後陸續賣出,在一年左右的時間就賺進了 48 萬元,報酬率極好。但仍需提醒的是,要布局「小而美」股票,一樣應逢低買進,不要追高。

〔**圖表 3-5**〕祺驊(**1593**)週線圖

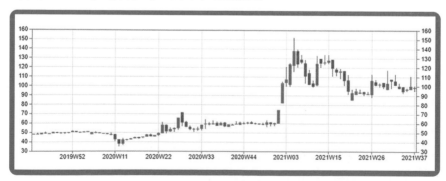

### 7. 成長股與大艦隊概念股

成長股是指盈餘成長率較高的公司,一般都會反映到股價上,例如台積電 2020 年的成長率高達 49.99%,股價就一飛衝

天，來到六百多元；證券龍頭的元大金（2885），2020 年第 1 季的盈餘成長率高達 129.66％，股價也相當漂亮。此外，台灣 50（0050）2021 年 6 月 15 日時的淨值為 141.67 元（還原已分配現金收益 3.75 元），較去年同一日的淨值 83.75 元，成長了 68.16％，也是成長股。不過公司是否真的成長，只看一季並不夠，可以拉長觀察時間。

　　還有一種成長股，不是因為單一公司的盈餘成長，而是由一個母公司帶領一群子公司往前邁進，形成一支大艦隊，藉由集體作戰，來開拓新市場、新產能、新產品，幫助整個集團的營收及盈餘的成長。像是佳世達（2352）近年的發展，就像是巴菲特打造波克夏的精神，艦隊成員已經逐漸茁壯，母公司已有成長加速的跡象。

　　統一（1216）也是一支大艦隊概念的股票，旗下的統一超（2912）、統一中控等，本身就是業績卓越的公司，統一超商更展開海外布局，在菲律賓已有近 3,000 家門市。大艦隊成員還有葡萄王（1707），統一持股占比雖只有 8％，但葡萄王的產品可以加入統一的銷售系統，雙方皆有利；另一成員是統一持股占比 40％的家樂福，在 2020 年年底已收購全臺 199 家頂好超市，及 25 家頂級連鎖超市 JASONS Market Place，艦隊規模再擴大。

## 8. 其他績優股

　　例如可寧衛（8422）、裕融（9941）、中租 -KY（5871）、福興（9924）。

〔圖表 3-6〕大艦隊概念股概況

| 大艦隊名稱 | 獲利引擎（新市場、新產能、新產品） |
|---|---|
| 台積電 | 以半導體代工、IC 設計及相關事業為主，獲利能力強，被稱為「護國神山」。 |
| 台塑 | 集團成員包括台塑、台塑化、南亞、台化、麥寮電廠、越南鋼鐵廠等，不斷增加新產能、新市場。 |
| 佳世達 | 併購友通（2397）、聚碩（6112）、矽瑪（3511）等數十家公司，且還在不斷增加中，發展態勢有如巴菲特的波克夏公司。 |
| 統一企業 | 併購頂好超市，結盟葡萄王（1707）等，不斷展店、擴張新事業。 |
| 亞泥 | 集團成員橫跨遠傳電信、嘉惠電廠、遠東新紡織、裕民航運、遠東銀行等。 |
| 富邦金 | 集團成員包括銀行、證券、人壽、產險、投信等，獲利超強。 |
| 國泰金 | 集團成員包括銀行、證券、人壽、產險、投信等，獲利超強。 |
| 潤泰 | 集團成員有建材、營造、人壽等產業，獲利良好。 |
| 聯華 | 集團成員跨越食品、電腦等多種產業，獲利很強。 |
| 鴻海 | 以電子為主，另外跨越多種產業，獲利能力強。 |
| 聯電 | 以半導體代工、IC 設計、電子相關事業為主。 |

註：限於篇幅無法──列舉，台泥集團因性質與亞泥相近，故沒有單獨列出。

# 第三節
# 便宜買進，加大存量

請試想一下，把投資想像成一個水龍頭，如果把錢存在銀行裡，這個水龍頭現在只能滴出小水滴，若是把錢拿來存股，源源不絕的股利會像水柱不停流出，而且當機運來臨時，它還會給你帶來驚喜——竟然有很大的價差可賺！

一方面有股利源源不絕，另一方面再賺價差，股利和價差兩頭賺，就是存股的祕訣。當然，存股還需要一點「選股」的眼光、在便宜價格時買進，以及一段「存」的時間。**投資人會失敗，大多是忽視股利，腦海中只想到賺價差、快速獲利，而不願意花時間等待，「當沖」就是典型的例子。**

## 存股，數大便是美

存股的原理就是累積股票數量，讓資產增加，也就是說，擁有大量、優質的股票，就是財富的保證！

有人的心態是拿一點「閒錢」「玩」股票，認為輸了也不會傷身，但其實，股票不是拿來玩的，用這樣的態度也賺不到錢。要積極的存股，累積很多、很多的績優股票，才會產生源源不絕的回報。

舉例來說，存 100 張好股票，每股配 3 元，每年就可得股利 30 萬元，如果數量增加到 500 張，股利就增加到 150 萬元。當然，所謂的 100 張或 500 張股票，是指多支不同個股的組合，

而不是單獨一支股票。

　　如果用四方形面積來表示投資股票的收益,只要增加長度或寬度,都可以使面積變大。假設長度代表資產的數量,而寬度代表每股的報酬,公式就是「面積＝長 × 寬」,要讓面積加大,就必須增長或加寬,但要增加每股的報酬並不容易,所以,想要收益變多,增加股票的張數是比較簡單的做法。

 **投資小故事**

### 修車師傅一年領 49 萬多的國泰金股息

　　媒體曾經報導一位住在高雄的修車師傅,經過多年的努力,在 2014 年終於持有 175.2 張國泰金（2882）的股票,當年領到股利現金 25.7 萬元,及配股 8,800 股,加上手上的長興（1717）、永光（1711）、聯電（2303）、鴻海（2317）等,股利豐收。

　　由於一直看好國泰金（2882）,他就把現金股利以及部分其他股票再次加碼下去,使得這檔股票的持股高達 197 張!以 2020 年配息 2.5 元計算,光是這一檔就有 49 萬多元的股息。

## 趁便宜大量超前部署

　　股票的股利及價差都需要時間發酵,買進較低位階（股價）、有收益（股利）、有前景（成長潛力）的股票,將來可能會賺到一大波段,優點很多,是投資人不可忽視的買股要點,但

低位階股票也有許多前景不明的公司，不能盲目亂買。

　　圖表 3-7 所列的 3 檔股票，是近期我所關注「低位階」股票的一部分（註：「低位階」與「便宜價」不同，說明見第 258 頁），這些「低位階」價格的時間落在：開發金（2883）2021 年 3 月，新光金（2888）是 2020 年 11 月，群益證（6005）是 2020 年 4 月，都只是不久之前而已，現在都已經有些上漲，例如開發金從 10 元漲到 17 元（漲幅 70％），新光金從 8 元漲到 11.4 元（漲幅 42.5％），群益證從 9.3 元漲到 16.5 元（漲幅 77.42％），績效還不錯。

　　時間會帶來成長，所以這些股票還將繼續「存」下去，甚至再加碼。趁現在很便宜的時候「超前部署」，可以買進很多張，將來成長時機來臨，股價就有機會水漲船高。

　　還記得「168（一路發）微笑曲線法則」嗎？再以慧洋 -KY（2637）的例子來看，我在 29 元時買進，持股三年多後賣出，

〔圖表 3-7〕買進「低位階」的股票範例

| 公司<br>（股票代號） | 股價<br>低位階 | 2021 年<br>現金股利<br>（配發年度） | 個股前景 |
|---|---|---|---|
| 開發金<br>（2883） | 10 元 | 0.55 元 | 有合併中壽及子公司凱基證券獲利佳等題材。 |
| 新光金<br>（2888） | 8.0 元 | 0.4 元 | 獲利轉佳，而股價淨值比偏低。 |
| 群益證<br>（6005） | 9.3 元 | 1.1 元 | 台股成交量暴增，對證券股有利。 |

註：第四章有開發金及新光金的個股分析。

獲利良好。持股過程中，最低跌到 19.35 元，有網友很擔心，來
信問是不是有經營危機？要不要停損賣出？我不為所動，也答
覆他不用擔心。之後適逢航運股大爆發，就以非常好的價錢賣出
了，並將資金轉到有前景的低基期股票。

〔圖表 3-8〕慧洋 -KY（2637）的買賣結果及 168 曲線圖

| 名稱 | 2017 年 8 月買進價格 | 已領股利 | 成本 | 平均賣出價格 | 獲利 |
|---|---|---|---|---|---|
| 慧洋-KY（2637） | 29 元 | 5.6 元 | 23.4 元 | 70 元 | 199.15 % |

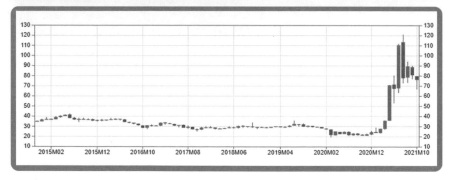

（資料來源：台灣股市資訊網）

## 股價還不夠便宜？那就分批買

存股的基本原則是便宜買進，若是遇到個股受大盤波動的影
響，而股價下挫，就是逢低加碼的好機會。例如 2021 年 5 月本
國疫情增溫，台股大盤連續兩天重挫，最多下跌約 2,000 點，不
少個股也大受影響，股價出現低檔，就是買進好時機。

除了等待便宜價，還有其他可以降低持股成本的方法。像是

每年的配股、配息，就可以有效的降低持股成本，例如我持有慧洋-KY（2637）三年多，獲配股利 5.6 元，就讓我的持股成本由 29 元降低至 23.4 元。

另外，**分批買進也是一個方法**。我們要買到最低價是有困難的，通常在買進以後，股價有可能還會震盪一段時間，就可以用分批買來降低平均成本，例如想買進 30 張，就一次買 10 張，分三批買進。

要注意的是，**分批買進與「攤平」不同**，一般所說的攤平，是指一開始就買在高位階，在股價大跌後加碼，讓持股的成本拉低。但是**「攤平」通常是危險的動作**，例如宏達電（2498）曾經每股高達 1,300 元，有人在高點時買進，在跌到 500 元的時候再加碼攤平，但那時宏達電公司體質已經出問題，結果當然是越攤越平，慘不忍睹。

**投資小知識**

### 低基期股票

「基期」是統計數據時作為比較基礎的區間，常說的「去年同期」，即是以 1 年為基期作比較。當現階段的數據低於基期的數據，稱為低基期，而低基期股票，即是現階段股價低於基期的股價，這樣的股票通常較有成長空間。

## 第四節
# 技術分析的問題在於……

　　股市裡有句名言：「只有兩成的人賺錢」，這是真的嗎？為什麼會這樣？究其原因不在於投資人都不夠聰明，或是股市太險惡，而是大家所運用的方法有問題！

　　美國股市從 1817 年開始，至今已經有兩百多年，日本股市至今也超過 140 年，股市每天的交易宛如汪洋大海，是巨大財富流動的地方，所以自古以來就吸引了無數聰明才智人士研究、挖寶，希望找出有效率的方法獲利。可惜的是，大多數的人就像瞎子摸象一樣，雖然他們研究過後提出了極多論述，統稱為「技術

### 投資小故事

### 技術分析小笑話

　　阿明在速食店邊吃邊用平板電腦看盤，一名乞丐進來伸手討食，阿明分給他一個雞翅，然後繼續看他的股票。

　　乞丐啃著雞翅對阿明悄悄的說：「你的股票均線黃金交叉，KDJ 數值底部反覆鈍化，MACD 底部背離，能量潮喇叭口擴大，恐怕要漲了。」

　　阿明很是驚奇，問他：「這你也懂？」

　　乞丐說：「我就是因為懂這個，才變成今天這樣。」

分析」，而且這些方法也有無數的追隨者，但也正是這些方法導致「股市只有兩成的人賺錢」這個結果，可見這些方法用途不大，甚至會讓人誤入歧途。

簡單的說，如果這些技術分析方法能夠獲利，怎麼可能只有20%的人能夠賺錢？

## 用歷史預測未來，很危險

這麼多技術分析方法都有一個共同的特點，就是用過去的經驗歸納出規則，然後用規則預測股市走向，而不是用公司的基本面來預測未來的發展，由於欠缺「財務報告」和「經營資訊」的基礎，所以屢屢被證明它是無用的。至於為什麼不使用基本面，或是財務報告及經營資訊來分析，是因為這些都是近代才有的東西，以前的一般投資人無法輕易得到公司的基本面資訊，大家只能摸黑進行，所以我也稱它為「股市的石器時代」。股市的石器時代所用的方法既然無用，我認為就應該把它們丟到垃圾桶了。

在資訊透明方面，目前臺灣上市、上櫃的一千多家公司，已規定最遲應於次月 10 日前公布當月的營業收入，當季的盈餘、毛利率等資訊，則是最遲應在當季結束後的 45 天內公布。雖然這樣的規範還不夠完美，但已經是當年的投資人不敢想像的了。

## 個股不等於大盤，你有你的波，我有我的浪

有一種稱為「波浪理論」的論述，發明者艾略特（Ralph Nelson Elliott）有很多追隨者。艾略特是美國經濟學家，他認為市場走勢模式會不斷重複，但是仔細研究會發現，波浪理論早在

1938 年就已出現，距離現今已經 73 年，看待這麼歷史悠久的理論必須非常謹慎，因為它可能誤導你的思維，並造成投資損失。

實際案例是 2017 年 5 月台股再次上萬點時，有位深受波浪理論影響的老師，把台股加權指數年線圖的幾個最高點連成一條

 **投資小知識**

### 缺乏研究基礎的 3 個投資理論

**空中樓閣理論**：認為投資人最重要的，是要知道主力買什麼股票，然後跟著主力買，例如選美比賽得到冠軍的那一位，未必是最有實力的那一位，而是評審們喜歡的那一位。因此，三大法人買超的股票、許多基金持有的股票、「當沖明星」買賣的股票，還有以前「四大天王」買進的股票，全都成了「明牌」。

**博傻理論**：認為投資股票就應該買強勢股，買在高價，賣在更高價，只要有人比自己更傻（追更高價）就能獲利，也就是說，只要自己不是最後那一隻老鼠就好。熱門的「當沖」股票股價，就是每天這樣堆疊上去。

**道氏理論**：認為多頭市場是一波比一波高（只要這一波的底部高於前一波的底部，就有機會繼續上漲），而空頭是一波比一波低（只要這一波的底部低於前一波的底部，就可能繼續下跌）。但實際上，投資人買的是個股，大盤指數上漲的時候，不同個股的走勢可能各不相同，可見這項理論並不能應用到個股。

線（見圖表3-9），然後斷言：「台股不久就會回跌到萬點之下！」他認為市場走勢會不斷的重複，過去已有幾次經驗是上萬點後就向下轉折，這次一定也不例外。但結果與他的預測完全相反，台股在站上萬點後仍一路順利上漲，到 2021 年 5 月時已經高達17,500 點！若是當時聽從他的說法，在那時賣光股票，甚至放空股票、期貨，肯定會蒙受重大的損失。

　　此外，必須分清楚的是，波浪理論認為「市場」走勢的模式會不斷重複，但是投資人買賣的是個股，個股並不等於指數，只要拿兩檔股票的線圖比較一下，就能立刻發現，在同一時間、同一波段裡，這兩檔股票的走勢可能完全不同。可見這種理論並不適合運用於個股的投資，對一般投資人而言沒有幫助。

〔圖表 3-9〕2001 年至 2021 年台股大盤指數月線圖

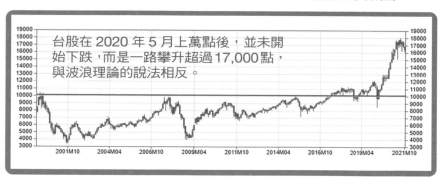

（資料來源：台灣股市資訊網）

## 均線理論最有名,但賺錢的有幾人?

另一個廣為投資人使用的「均線理論」,是透過當日、5 日、20 日、60 日等移動平均線排列狀況,以及 K 線的變化,作為大盤或個股趨勢的判斷。因為它被廣泛使用,已經變成股市的顯學,幾乎可說「不懂均線理論的話,就不要在股市混了」。

但我仍要用「股市只有兩成的人賺錢」這句名言,來告誡使用均線理論的投資人,那麼多人在用這個理論,但多數人都還是賠錢,所以唯有將它丟棄不用,你才有機會賺錢!

 投資小故事

### 技術分析的又一次誤判

台股在 2021 年 5 月時,因為疫情升溫,於 11 日至 17 日大跌 1,882 點,指數來到 15,353 點。要怎麼看後勢呢?某知名雜誌刊登了某大師的技術分析:

- 週 KD 已經「死亡交叉」,中期空頭確立。
- 無論如何都要降低持股比重,部位最多 3 成。

結果一個月後的 6 月 17 日,指數爬升至 17,390 點,兩個月後再漲到 17,846 點,也就是指數從低點上漲了 2,493 點,走勢與大師的技術分析結果完全不同。

**投資小故事**

## 「價值投資」才更有價值

2011 年 9 月，一本著名的理財雜誌裡，有位理財專家這樣說：

「台股 8 月被外資提款賣超 2,000 億元，指數從 8,707 點下跌至 7,148 點⋯⋯技術面上，6 月及 12 月死亡交叉向下確立，長線恐需退守至 10 年線附近，短中線則有利在 7,148 點上下 300 點止跌回穩。」

專家用均線理論給投資大眾的結論是：悲觀的看待後勢，投資人不要輕舉妄動。

但是，當時新保（9925）25 元、福興（9924）18 元、中保科（9917）50 元、葡萄王（1707）47 元、富邦金（2881）40 元、亞泥（1102）及台泥（1101）都是 40 元，這些股價都是該個股的極佳買點，投資人如果用價值投資的角度去衡量，幾乎都是穩賺不賠！

由此可見，「價值投資」才更有價值。

## 第五節
# 勝率直飆 100% 的價值投資法

由班傑明‧葛拉漢（Benjamin Graham）發明的價值投資法，是最好的投資方法，它主張，用便宜價格買進較高價值的資產，例如用 5 毛的「價格」買進「價值」1 元的資產。

你一定會想，有誰會那麼笨，這樣賤價出售自己的資產呢？但這種情形在股市裡經常發生，這是由於投資人的緊張情緒、恐懼心理、不認識股票的真正價值等現象，造成經常出現「賤賣」的行情，這時識貨的投資人就有機會便宜買進好股票。

同樣道理，由於投資人不認識股票價值，對市場消息、利多題材過度幻想，也經常會出現價格異常攀高的情形，這時識貨的投資人就有機會高價賣出持股。

關於價值投資法，巴菲特曾有一段解釋講得很精彩，大意是這樣的：

雖然股票的「價值」並不是一個可以精確計算的數字，但是當市場「極端情況」發生的時候，股票的「價值」與市場交易的「價格」，兩者的差距往往很大，這時如果投資人平時對企業有所了解，那他所關注的股票出現「極度高估」與「極度低估」的價格時，他並不難分辨是否被高估或低估，既然可以分辨，當然就會出手。

　　舉例來說，裕民（2606）的股價，多年前曾經從 10 元狂飆到 123 元，幾年之後又再狂跌回到 21 元，這過程就出現「高估」與「低估」的情形，是熟悉航運股的投資人可以把握的機會。股價 10 元是景氣不好導致業績不好，大家以損益表績效不佳來評價，但船隊的價值並不是可以完全由損益表來決定的，只要船隊還健全的存在著，就有機會迎接下一次的景氣，並在景氣翻轉後獲得大利，所以 10 元確實是被低估的價格。我在它 10 元起漲時沒有把握到機會，但它回跌到 21 元時我注意到了，並在 22 元買進，配息數年後以均價 60 元賣出，獲利豐碩。

　　2021 年出現航運股狂飆的情形，陽明（2609）從 6 元左右狂飆到 234 元的天價，此時還不斷出現極大量的當沖。以價值投資來衡量，即使貨櫃運輸行情大好，公司可以創出亮麗的每股盈餘，但股價畢竟太高，當航運市場供需趨於平衡之後，運價就會迅速下跌，所以 234 元的股價絕對已經是「高估」，投資人一定要謹慎。果然，在它創新高價後，僅 3 個多月就跌回 90 元。

## 什麼是「內在價值」？

　　「價值」很抽象、看不見，必須去研究、去發現。葛拉漢經常強調公司「內在價值」的重要，但內在價值究竟是什麼呢？是指公司資產負債表上的淨值嗎？

　　所謂公司的內在價值，不只是資產負債表上的淨值而已，而是各種因素、潛力的加總。如果一家公司擁有良好的「獲利引擎」、「無形資產」、「領導階層的能力」，它的內在價值就會逐漸增加，所以內在價值的範圍比財報上的淨值更廣。但因為它

說起來也有點抽象,而且會隨著時間的推移而不同,所以要提出內在價值的精確數字也有困難。

　　也就是說,企業每天持續營運,它的營業收入、盈餘隨時會讓它的價值產生變化,並影響資產負債表上股東權益的數值。股東權益數值的增加,就是企業的內在價值增加,但葛拉漢所說的內在價值範圍更廣。

 投資小知識

## 淨值

　　公司資產負債表上的「資產總額」減掉「負債總額」,就是「淨值」,又稱為「股東權益」。例如資產總額 100 億元,負債總額 50 億元,淨值就是 50 億元。

　　資產總額—負債總額=淨值

　　淨值的金額,一方面無法將公司的無形資產、領導階層的能力等涵蓋在內,另一方面受限於會計的「成本列帳原則」,土地資產也往往無法反映它應有的價值。也有些公司的機器設備列為高額資產,但其實該設備已被淘汰,只因折舊尚未提列完畢,而仍然列為高額資產。所以,淨值不等於公司的內在價值。

# 從「投資人能賺多少」推估股票價值

假設一家公司獲利穩定、股利穩定，而且成長性不顯著，它的價值就比較容易估計，因為這時我們可以用「投資人收益」的角度，推估出合理價格。

如果一位投資人希望投資報酬率為 5％，那麼，現金股利的 20 倍就是他可以接受的合理價格。例如新保（9925）每年穩定配發現金股利 2 元，股利的 20 倍是 40 元，這就是這位投資人可以接受的合理價格。也就是說，這位投資人以 40 元投資這檔股票的報酬率是 5％。

計算式：

**合理的價格＝ 2 元 ÷5％＝ 40 元**

這樣的推估方法，是由原來推估「公司的內在價值」，轉變為推估「投資人個人的投資價值」，簡單又實用，是很好的方法，也是我的創見（請見《找到雪球股，讓你一萬變千萬》）。

這個方法對定存股（獲利穩定、股利穩定）很好用，但股市除了定存股之外，還有很多不同股性的股票，例如成長股、景氣循環股、轉機股等，就必須分別加以考慮。例如對成長股來說，必須考慮個別股票的盈餘成長率，並加上適當權重，再做推估，以免評價結果不能實際反映公司的價值（低估應有的價值），至於景氣循環股及轉機股，則完全不適用這種推估方法。

與只能靠經驗法則預測走勢的石器時代相比，價值投資法用財務報告及經營資訊這些科學工具，能讓投資人的勝率目標從

20％提升到 100％。投資股市已經進入「科學時代」，從圖表 3-10
可以看出，在投資方法和結果方面，都有所顯著的差異。

〔圖表 3-10〕投資方法比較

| 項目 | 股市的「石器時代」 | 股市的「科學時代」 |
| --- | --- | --- |
| 資訊取得及運用 | 困難 | 資訊透明 |
| 選股方法 | 追求明牌 | 自主選股 |
| 技術分析 | 流行 | 少用或根本不採用 |
| 基本面分析 | 困難 | 主流 |
| 投資成效 | 十賭九輸 | 勝面極大 |

## 第六節
# 一定要認識的價值投資之父
# ——班傑明・葛拉漢

巴菲特師承葛拉漢的價值投資法，獲得極為輝煌的成就，他曾說過，除了父親，葛拉漢是影響他一生最大的人。

葛拉漢被尊稱為「價值投資之父」，在投資理財領域有崇高的地位，著作《證券分析》（*Security Analysis*）、《智慧型股票投資人》（*The Intelligent Investor*），都是非常有名的投資經典。

葛拉漢談到自己用「滾雪球」的方式，將資產越滾越大的經驗。所謂滾雪球，就是將賺到的利潤滾入帳戶裡再投資，讓投資部位變大後，再帶來更多的收入。這也就是複利的觀念，複利的終值取決於本金大小、報酬率高低及滾動次數的多寡（時間），它會隨著時間的推移，變得更多。

### 當大家都在投機，葛拉漢在看財報投資

葛拉漢說，想在華爾街證券市場成功有兩個條件：第一是正確的思考，第二是獨立的思考，而這兩樣他都做到了，所以他成功了。

為什麼他可以做到這兩項？答案是他的人格特質，在他小學畢業時，已經知道四件事：

- 知道如何「使自己堅強的對付命運的捉弄」。
- 知道如何「用各種方法賺一點小錢」。
- 知道如何「集中精力完成該做的工作」。
- 知道如何「依靠自己去理解做好一切的事情」。

　　葛拉漢的做人態度就是認真、實事求是，在求學時，他非常喜歡閱讀，而且閱讀數量相當驚人，最喜歡讀的是古希臘史詩《奧德賽》（*Odyssey*）。

　　他在研究股票的方法，也和別人不同，會是從公司的財報著手，認為要取得資訊，才能掌握「內在價值」，這讓他不僅在股票方面精通，連公債交易、選擇權避險、套利交易及稅法，也都精通，是一位真正的投資理財大師。

## 價值投資法——最棒且最簡單的投資法

　　葛拉漢的母親曾經買進美國鋼鐵（交易代號 X）這支股票，但在 1907 年美股崩盤時遭受重大損失，這件事讓他對買股票這件事很有戒心，也給「投資」和「投機」給了不同的定義：「投資」行為必須「經過透徹的分析，確保本金安全與適當的報酬」，否則就是「投機」。

　　他強調，買進股票要用合理的價格、合適的價格，並且必須了解公司的內在價值。這就是「價值投資法」的精神，帶給世人很大的啟發。如果投資人買入的股票物超所值，或是遠低於內在價值，那麼未來獲利的機會就非常大，而投資人只需按此道理行事就可以。如果投資人忘了合理價格這件事，就會讓原本是很好

的投資，變成異常危險的過度投機。

　　既然價值投資是非常棒的投資方法，但為什麼大多數投資人還是習慣於技術分析？那是基於公司的財報資訊取得困難，所以葛拉漢的這套方法並沒有被大家遵循。他在 1934 年底出版《證券分析》、1949 年出版《智慧型股票投資人》，時間都是六、七十年以前，當時電腦不發達，公司財報的規定也沒上軌道，投資人們即使了解價值投資法的好處，也沒有辦法取得及時有效的資訊。

　　但是今天已經完全不一樣了，拜電腦時代的來臨，以及證券主管機關對資訊公開的規定，投資人可以及時得到公司的財報資訊，進行價值投資輕而易舉，所以一定要把握這樣的好機會。

 投資小故事

## 葛拉漢的「共同帳戶」運作

　　「共同帳戶」是葛拉漢和合夥人訂定出資合約，寫明獲利分配的規則，而由葛拉漢操作。巴菲特在買進波克夏公司作為投資旗艦之前，也是用這種方法。共同帳戶的優點是可以集合較多的資金，缺點是股票投資的特性並不適合每年結算分紅，例如有些股票要持有好幾年後才會有比較好的績效；另外，合夥人之間也必須具有高度的信任。

　　比較理想的是像巴菲特一樣，用股份有限公司投資，因為股份是可以流通的，所以，即使是投資未上市的股份有限公司，持有者還是可以賣出，也可以買進。

投資人如果在買進美國鋼鐵（X）之前，已經做過透徹的分析，認為買進的價格能夠確實保護本金安全，而且在持有過程能夠獲得適當的報酬，那就是投資，但大部分的投資人沒有分析、思考過這些問題，所以都是在投機。

這個現象可以從 2021 年 5 月的台股看出來，5 月份的每天成交金額平均約 5,000 億元，當沖占比約 50％，大家有沒有仔細思考和分析顯而易見。其中，我原本就有在關注散裝航運股，因

投資小知識

### 美國鋼鐵的合適價格

以美國鋼鐵（X）1996 年至今的月線圖來看，最低價 6.8 元，只有最高價 196 元的 3.47％，可見鋼鐵股的股價受景氣影響很大，投資人在低基期買進可以獲得頗多利益，但追高卻也容易造成重大損失。

台股熱度增加，百萬螞蟻雄兵進場，當沖也變得十分熱門，但投資人要走得長遠，切記要避免高風險的投資，而價值投資法就是最好的方法。

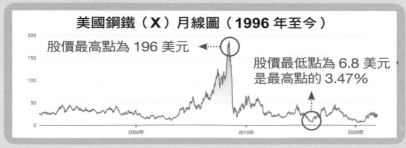

**美國鋼鐵（X）月線圖（1996 年至今）**

股價最高點為 196 美元

股價最低點為 6.8 美元，是最高點的 3.47％

（資料來源：Google 財經）

為了解產業的特質，所以股價果然大漲並不意外，也沒有馬上賣出，而是在比較高價的時候賣出，而有不錯的獲利。

## 誰都無法預測股市，屬害如葛拉漢也一樣

葛拉漢認為，投資人常因太主觀而失誤，例如當年在戰爭陰影下，大家都不看好生產威士忌、股價較低的國家酒廠，而看好股價較高的聯合飛機，但「國家酒廠」股價在 1940 年之後的幾年上漲了 5 倍，而「聯合飛機」在同期間卻跌了三分之一。因此他說：「若說我對華爾街這 60 年來的觀察有什麼心得，那就是一般人都無法成功預測股市的未來走勢。」

尤其是預測個股的「短期走勢」相當困難，投資人如果了解這一點，就不應靠別人的意見就輕易買進，因為這個意見很可能是不對的；也不應將自己臆測的個股價位隨意告訴他人，因為可能害到別人。

面對變化無常的股海，太主觀容易失誤，謙虛、謹慎則有益。例如極短線交易的當沖頻頻出現違約交割，就是因為預測個股的短期走勢相當困難，想賺快錢的交易，就成了賠錢的大坑。

另外有一個例子，外資券商滙豐證券於 2021 年 4 月看好 5G 手機的系統級晶片（System on a Chip，簡稱 SoC），將聯發科（2454）的合理股價推測為 1,550 元，不料到 6 月時又大轉彎，認為 5G 手機需求不如預期，而將合理股價修訂為 800 元。該公司短期間調整認知的價格幅度，令社會大眾吃驚，也讓人體會到，即使是外資券商的報告都要很小心！

本書第四章個股分析分析 21 檔個股的「獲利引擎」，也就

是它們長期的競爭力與投資價值，而不是「預測」它們的價位，
讀者也可以用類似的方法分析更多個股。

 投資小知識

## 投資股票必懂葛拉漢

    巴菲特曾說：「閱讀葛拉
漢，是正確的投資起跑點。」
可見，不只是價值投資必須看
葛拉漢，只要是股市投資人，
就應該看葛拉漢。葛拉漢的親
筆回憶錄，完整呈現價值投資
法的根源與精髓，看完他的一
生，即會理解這位華爾街教父
的心路歷程，及他百年不敗的
投資思維。

《價值投資之父葛拉漢：賺錢人生》
（大是文化出版）

## 第四章

# 存股之 21 檔潛力股大公開

在投資時，我們把自己看成是企業分析師——而不是市場分析師，也不是宏觀經濟分析師，甚至不是證券分析師。

——股神 華倫・巴菲特
（Warren Edward Buffett）

# 第一節
# 台泥（1101）的投資價值分析

## 公司簡介

　　台泥的歷史可追溯至日治時期，1945 年日本戰敗後，臺灣三大水泥廠收歸國營，於 1950 年 5 月成立台灣水泥公司，移轉為民營，於 1962 年股票上市，是臺灣第一家上市公司，規模為臺灣最大、在中國為第八大的水泥公司。

　　台泥現今股本高達 632.4 億元，股性不算活潑，但營運穩健又與基礎建設及房地產等民生需求相關，國內壽險公司多有布局，前十大股東名單中就占了四名，包含中國人壽、新光人壽、台灣人壽及富邦人壽。

　　台泥主要業務為水泥及水泥製品生產及運銷、礦石開採經銷等，並轉投資電力（和平火力電廠及台泥綠能）、航運（達和航運）、橡膠（國際中橡）等產業，2021 年則將長期經營績效不佳的子公司信昌化工出售。值得一提的是，台泥近年積極布局再生能源、儲能及電池等相關事業，持續往低碳、減碳及永續經營（ESG）之路邁進，例如 2021 年宣布收購歐洲 Engie EPS 儲能公司 60.48％股權，讓公司營運更多角化及符合未來趨勢。

## 水泥市場布局

　　台泥是臺灣水泥業龍頭，近年國內受惠於前瞻計畫之基礎建設、臺商回臺設廠及房地產活絡，需求穩定。但畢竟國內市場有

限，在水泥業務中超過 75％的營收是來自中國，包含廣東、廣西、福建等華南地區，以及西南部的重慶、貴州及四川等地，依據媒體報導，台泥在中國大陸的水泥熟料總產能 4,083 萬噸，高於亞泥的 2,235 萬噸。

此外，台泥在中國的毛利率穩定達 30％以上，與臺灣市場毛利率約 15％～ 20％相比，明顯較佳，因此中國水泥產業供給面改革、氣候因素、市場需求面及人民幣匯率等，對台泥的獲利影響就很重大。

台泥的另一個新市場在歐洲，2018 年時與土耳其 OYAK 集團共組合資公司，台泥投資 340 億元，占股 40％，取得 1,200 萬

〔**圖表 4-1**〕**台泥獲利變化圖（合併報表稅後淨利）**

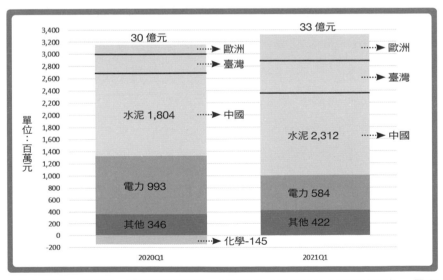

2021 年第一季臺灣、歐洲獲利增加，中國減少（但仍是最大獲利來源），電力貢獻則因歲修時間較長，以及進口燃料價格上漲而減少。
（資料來源：台泥 2021 年法人說明會簡報）

噸水泥產能,以此為基礎進軍土耳其、葡萄牙及非洲,績效也相當不錯。以 2010 年來說,土耳其銷量成長近 30%、價格成長約 25%;葡萄牙銷量成長約 12%。

## 能源市場布局

電力方面,已經有良好績效的和平火力發電廠位於花蓮,具備 660MW(千瓩,能源單位)的燃煤火力發電機組兩部,2012 年商轉,每年盈餘大約 40 億元至 90 億元之間,對每股盈餘的貢獻在 0.67 元～ 1.52 元之間,是台泥的金雞母。

至於風力發電、太陽能發電事業,台泥態度也相當積極,例如「台泥嘉謙綠能嘉義漁電共生案」,裝置容量 43MW,於 2021 年 7 月開始發電,預計年發電量將達 5,400 萬度。

儲能方面,前述台泥收購義大利儲能公司 Engie EPS 的 60.48% 股份,是一家以電池儲能系統及電動車快充技術為主的公司,在歐盟於未來 10 年將逐步淘汰及禁售燃油車的趨勢下,著重於電動車電池、快速充電及充電樁建設等市場發展需求,藉由收購可強化台泥在這方面的布局。

台泥子公司「台泥綠能」及「能元科技」也持續發展儲能設備、智慧電網及鋰電池製造等,2021 年宣布將投入新臺幣 100 億元,於高雄小港興建一座 1.8GWh(百萬度)的超級電池工廠。

## 其他重要事業及土地資產活化

台泥的相關企業眾多,在 2020 年年報中所列資料篇幅竟高達 9 頁之多,例如達和航運是散裝船運公司,船隊包括水泥船等

高達 15 艘，年年獲利，2021 年適逢散裝船運價大多頭，同業股價漲翻天；國際中橡的碳黑產品是輪胎、工業橡膠的重要原料，由於 2021 年國際原物料大漲，也許業績會較好。

　　在廢棄物處理方面，台泥利用現有的設備一方面協助鄉鎮及電力業、營造業及鋼鐵業等處理廢棄物，達到循環經濟，一方面可替代燃煤使用。

〔圖表 4-5〕台泥（1101）主要業務布局

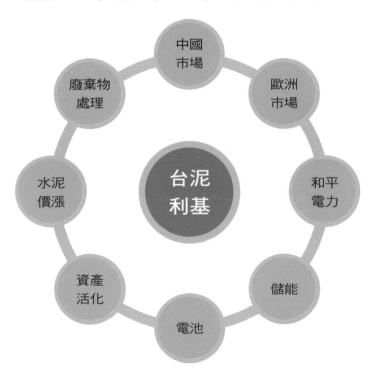

　　此外，台泥在全國有數十萬坪土地資產，公司將陸續進行資產活化，其中位於臺北市基隆路的預拌混凝土廠、竹東廠及高雄鼓山廠都已進入規畫階段。

〔圖表 4-2〕台泥（1101）近年獲利概況

| 年度 | 營收（億元） | 稅後淨利（億元） | 毛利（％） | 每股盈餘（元） |
|---|---|---|---|---|
| 2021 年前 3 季 | 769 | 148.4 | 25.1 | 2.41 |
| 2020 年 | 1,144 | 251 | 32.9 | 4.32 |
| 2019 年 | 1,228 | 242 | 29.2 | 4.43 |
| 2018 年 | 1,246 | 212 | 27.0 | 4.37 |
| 2017 年 | 983 | 75.9 | 19.2 | 2.03 |
| 2016 年 | 896 | 63.6 | 20.1 | 1.72 |

（資料來源：台灣股市資訊網）

〔圖表 4-3〕台泥（1101）近年股利配發情形

| 配發年度 | 現金股利（元） | 股票股利（元） | 股利合計（元） |
|---|---|---|---|
| 2021 年 | 3.37 | 0.0 | 3.37 |
| 2020 年 | 2.50 | 0.5 | 3.00 |
| 2019 年 | 3.31 | 0.7 | 4.01 |
| 2018 年 | 1.50 | 1.0 | 2.50 |
| 2017 年 | 1.45 | 0.0 | 1.45 |
| 5 年平均 | 2.43 | 0.44 | 2.87 |

（資料來源：台灣股市資訊網）

〔圖表 4-4〕台泥（1101）近年股價走勢圖

（資料來源：台灣股市資訊網）

## 台泥的價值投資評價

（1）目前是景氣較佳階段：水泥業、預拌混擬土業是與建設及房地產相關的景氣循環股，目前臺灣房地產繁榮、臺商回臺建廠，加上中國供給面改革及歐洲新市場開發，是水泥業較佳的階段。

（2）和平火力電廠是金雞母：燃煤的和平火力電廠，每年貢獻盈餘，可沖淡它景氣循環的幅度，對存股族來說也可獲得穩定的股利。

（3）發展再生能源是台泥努力打造的新獲利引擎：台泥於全國廣設綠能公司，發展太陽能、風力等再生能源電力，也擴大建立電池廠，攻電動車市場。

（4）作為存股對象還頗適合：台泥近年股本由 369 億元增加到 632.4 億元，幅度是 71.38%，這會稀釋每股盈餘，但 2020 年每股盈餘仍高達 4.32 元。過去 5 年配發現金股利 12.13 元，以及股票股利 2.2 元，平均每年 2.87 元，對照 2021 年 9 月股價約

52 元，殖利率約 5.6％，價格不貴，可以留意。若是套入 168 微笑曲線法則，目前領股利，未來上漲賺價差，這樣就更完美，只是股本較大，需要時間醞釀。

（5）台泥毛利率由 2016 年的 20.1％，穩健上升到 2020 年的 32.9％，稅後淨利率也隨之攀升，公司是持續正向發展的。

（6）土地資產活化：台泥土地資產很多，規畫開發者包括：

- 臺北市基隆路預拌混凝土廠舊址，目前預拌廠已遷往汐止，未來該舊址將以興建辦公大樓及銀髮住宅為主。
- 竹東廠方面，三分之二將規畫為住宅，其他則興建商業設施。
- 高雄鼓山舊廠區高達 31.4 公頃，面積很大，未來將規畫為住宅、長照、綠建築及創新營運中心等。

## 第二節
# 亞泥（1102）的投資價值分析

## 公司簡介

亞泥隸屬於亞東集團，股本 344.6 億元，除了水泥及水泥製品的生產運銷、預拌混凝土與礦石開採等本業業務之外，特色是在亞東集團交叉持股的政策下，非水泥本業的轉投資眾多，包含遠東新世紀（23.77％）、裕民航運（39.25％）、東聯化學（7.2％）、遠東百貨（5.65％）、遠東銀行（2.35％）、中聯資源（9.17％），以及嘉惠電廠（於 2020 年 9 月公告買回全部股權）、遠龍不銹鋼（100％）……多元的轉投資內容除了與民眾生活息息相關之外，也有助於沖淡景氣循環波動所造成的衝擊。

亞泥本業在臺灣市占率長期穩居第二大，約在 25％ 上下，在中國部分，於四川成都、湖北武漢、湖北黃岡、江西南昌等皆居領導或領先地位，轉投資的中國山水水泥公司為中國山東、山西及東北的水泥主要製造商，布局廣泛，在中國的產能已進入前

〔圖表 4-6〕亞泥集團簡圖

| 合併報表主體 | 亞泥（1102）、亞泥（中國）、嘉惠電廠、遠龍不鏽鋼 |
| --- | --- |
| 權益法投資 | 遠東新（1402）、裕民航運（2606）、山水水泥（中國） |

（資料來源：亞泥 2021 年 5 月簡報）

十大之列。

亞泥 2021 年前 3 季淨利 111 億元，與上年度同期 103.4 億元相較大幅成長，除了受惠於臺灣基本面需求穩健、中國市場水泥出貨量回升，以及水泥價格上揚之外，在業外收益方面，權益法投資遠東新及裕民航運認列，都有長足進展。

## 轉投資獲利情形

亞泥 2020 年全年營收 782.41 億元，其中水泥本業是主要營收來源，為 649.1 億元、約占 82.96％，電力 59.33 億元（約 7.58％）、不鏽鋼事業 42.12 億元（約 5.38％）及其他類 3.18 億元（約 4.06％）；營業利益則為 196.7 億，其中水泥占 85.6％、電力占 9.23％、其他類 5.2％，不鏽鋼則小幅虧損 600 萬元。由於電力事業獲利穩定且行業進入門檻高，亞泥也公告以 53.69 億元買回嘉惠電廠的其餘 4 成股權，預料將進一步貢獻獲利。

### 亞泥的金雞母——嘉惠電廠

嘉惠電廠是位於嘉義民雄、裝置容量 67 萬瓩的天然氣電廠，亞泥原持有 60％股權，並於 2020 年 9 月 7 日公告以每股 28.58 元、總額 53.69 億元價格，向荷蘭商 J-POWER 買入另 4 成股權，即完全持有嘉惠電廠，目前已擴建裝置容量 51 萬瓩的二期，裝置容量總計 118 萬瓩。這是什麼概念呢？我們用台電核一廠的規模來稍做比較。核一廠有兩部機，每一部機的裝置容量為 61 萬瓩，合計 122 萬瓩，而嘉惠電廠兩部機合計 118 萬瓩是核一廠的 97％，可見它的裝置容量很可觀。

　　不過，台電核一廠是基載電廠，通常終年滿載發電。嘉惠電廠不是基載電廠，是當台電有需要的時候才通知它發電，所以，即使兩者的裝置容量相近，但所發出來的電，還是相差很多的。

　　嘉惠電廠於 2017 年至 2020 年的盈餘分別為 7.82 億元、8.71

〔圖表 4-7〕亞泥（1102）近年獲利概況

| 年度 | 營收（億元） | 稅後淨利（億元） | 毛利（%） | 每股盈餘（元） |
|---|---|---|---|---|
| 2021 年前 3 季 | 618 | 111 | 24.3 | 3.50 |
| 2020 年 | 782 | 147 | 29.8 | 4.70 |
| 2019 年 | 893 | 175 | 28.6 | 5.56 |
| 2018 年 | 827 | 111 | 25.6 | 3.54 |
| 2017 年 | 649 | 54.7 | 15.7 | 1.74 |
| 2016 年 | 609 | 39.5 | 14.1 | 1.26 |

（資料來源：台灣股市資訊網）

〔圖表 4-8〕亞泥（1102）近年股利配發情形

| 配發年度 | 現金股利（元） | 股票股利（元） | 股利合計（元） |
|---|---|---|---|
| 2021 年 | 3.46 | 0 | 3.46 |
| 2020 年 | 3.00 | 0 | 3.00 |
| 2019 年 | 2.80 | 0 | 2.80 |
| 2018 年 | 1.20 | 0 | 1.20 |
| 2017 年 | 0.90 | 0 | 0.90 |
| 5 年平均 | 2.27 | 0 | 2.27 |

（資料來源：台灣股市資訊網）

億元、10.97 億元及 13.78 億元，連年成長，收購全部股權後，將由原來認列 60％提升為認列全部收益，且二期擴建後，機組的容量大幅增加，盈餘貢獻將近一步受益，非常有利。

〔圖表 4-9〕亞泥（1102）近年股價走勢圖

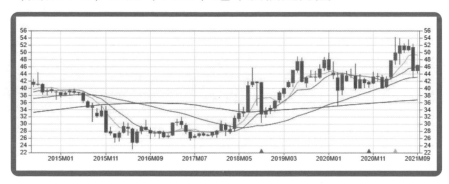

（資料來源：台灣股市資訊網）

## 亞泥的價值投資評價

（1）亞泥產品之銷售與房地產景氣及基礎建設有關，故與台泥皆屬景氣循環股，而亞泥是透過集團轉投資的方式，持有集團其他的民生相關產業，可沖淡亞泥受景氣循環幅度的影響。

（2）亞泥股本大、股價牛皮，過去連續 37 年配發現金股利 56.8 元及 27.3 元股票股利，合計 84.1 元，且近年以現金股利為主，適合作為長期存股的對象。

（3）推估價值方面：亞泥近 5 年的股利平均值為 2.27 元，代入合理價公式後得到數值為 45.44 元，也就是說，以 45.44 元買進的話，報酬率為 5％。由於該公司近期利多不斷（詳如下面

第 4 點所說明），業績增溫，應可給予較高之評價，例如假設未來股利為 3 元，而推估合理價值應有的價位。或是從市場低利率、資金眾多的角度來看，股價也會水漲船高，而將報酬率降低至 4%，則推估合理價值也會更高。但它基本上仍是景氣循環股，投資人仍應留意風險。

（4）亞泥近期利多不斷，投資人可參考下面各項：

- 嘉惠電廠股份由持有 60% 增持至 100%。

- 嘉惠電廠第二期擴廠，裝置容量大增，增裕收益。

- 預計於 2022 年 6 月 30 日之前，增加持有持亞太電信股份至 23.8%，與鴻海同為最大股東。

- 今年臺灣營建市場熱絡，包括下列原因：政府積極推動公共建設；臺商回臺投資新廠；房地產復甦，變得熱門。目前還未看到趨勢有明顯改變，水泥也因此量增價漲。

- 中國市場營運樂觀：由於新冠肺炎疫情爆發，2021 年上半年亞泥中國市場營運衰退，但基礎建設的需求還在，後續將逐漸進入旺季。

- 散裝海運市場近期市況火熱，亞泥持有裕民航運 39.25% 股份。

- 亞泥基本上仍是景氣循環股，每年的獲利並非一成不變，股價也會隨業績起伏，投資人仍應留意風險。

〔圖表 4-10〕亞泥（1102）主要業務布局

## 第三節
# 南亞（1303）的投資價值分析

## 公司簡介

　　南亞塑膠成立於 1958 年 8 月 22 日，至今已有 63 年的歷史。它的資本額 793 億元，市值大，是台灣 50（0050）成分股，又因它的業績好、歷年的股利不錯，所以也入選為兆豐藍籌 30（00690）、國泰股利精選 30（00701）的成分股。

　　它的營業項目包括各種塑膠加工品、塑膠原料、電子材料、聚酯纖維之製銷及染整加工、配電盤等，全球有 102 個生產廠，員工數萬人。加上轉投資的事業群，它的營業項目遍及鋼鐵、煉油、火力發電等各種重大行業。

〔**圖表 4-11**〕南亞（**1303**）5 大優勢

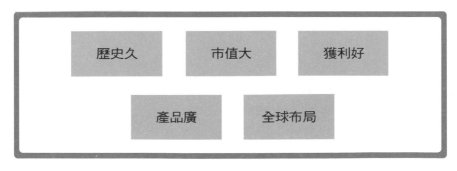

## 電子事業營運狀況

為因應資訊、通信、汽車電子及網路產業的快速發展，南亞公司電子事業群以及南亞電路板、台灣必成、南亞科等轉投資事業生產一系列產品，已建立上下游一貫垂直整合的生產體系，包括玻纖絲、玻纖布、環氧樹脂、銅箔、銅箔基板及印刷電路板等製品。

南亞的電子事業可分為三大區塊，一是公司本身設有電子材料事業群，二是子公司南亞電路板（南電，8046），三是生產DRAM 的子公司南亞科技公司（南亞科，2408）。這是其他三寶（台塑、台化、台塑化）所沒有（或比較少）的業務，在臺灣

〔**圖表 4-12**〕**南亞（1303）公司營收比重圖**

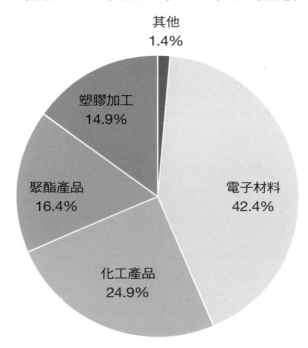

〔圖表 4-13〕南亞（1303）主要產品市場地位（全球排名）

| 全球排名 | 產品項目 |
|---|---|
| 第 1 名 | 塑膠二次加工、環氧樹脂、玻纖絲、玻纖布 |
| 第 2 名 | 銅箔、酞酸酐 |
| 第 3 名 | 銅箔基板 |
| 第 4 名 | 乙二醇、丙二酚 |

註：可塑劑產品全球排名第 5 名，聚合產品全球排名第 11 名。

半導體、科技股起飛的現在，南亞這些電子材料及電子轉投資，無疑是整個集團很重要的布局。

南亞電路板公司（8046）成立於 1997 年，至今有 23 年的歷史。資本額 64.62 億元，母公司南亞塑膠占持股比例 66.97％，印刷電路板（PCB）業務占 97.48％，其中 ABF 載板比重約 50％，BT 載板比重約 30％。

新聞不斷報導 ABF 載板前景看好，市場供不應求狀況持續，經查網路，ABF 材料是由英特爾（Intel）主導研發的一種材料，用於導入 Flip Chip 等高階載板的生產。相較於 BT 基材，ABF 的材質可做線路較細、適合高腳數高傳輸的晶片。

南亞科技公司（2408）成立於 1995 年 3 月 4 日，至今有 25 年的歷史，記憶體業務占 99.59％。它的資本額 309 億元，母公司南亞塑膠占持股比例 29.53％。

## 股利及盈餘速覽

南亞近 5 年的平均現金股利為 3.84 元，最近兩年較少，主

要是因為新冠肺炎疫情導致獲利減少，但 2021 年上半年大賺 407 億元，是上年同期（31.7 億元）的 12.84 倍，可預期將會是豐收的一年。

此外，2020 年新冠肺炎肆虐全球，伴隨著原油、石化原料

〔圖表 4-14〕南亞（1303）近 5 年股利表現

| 發放年度 | 現金股利（元） | 股票股利（元） | 股利合計（元） |
|---|---|---|---|
| 2021 年 | 2.4 | 0 | 2.4 |
| 2020 年 | 2.2 | 0 | 2.2 |
| 2019 年 | 5.0 | 0 | 5.0 |
| 2018 年 | 5.1 | 0 | 5.1 |
| 2017 年 | 4.5 | 0 | 4.5 |
| 5 年平均 | 3.84 | 0 | 3.84 |

〔圖表 4-15〕南亞（1303）近 5 年現金股利

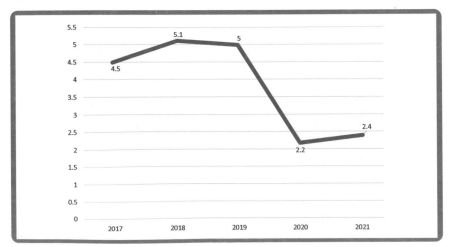

大跌，南亞營收減少，這是南亞的谷底，但受惠世界各國陸續解封、需求復甦，加上 OPEC（石油輸出國組織）持續減產，油價及石化塑膠產品價格回升，跌價損失回沖，收益動能也提升，獲利大幅回升。

南亞在食品與清潔用品的包材、防護衣帽、手套、家電的塑膠與電子元件、家裝建材及遠端連線的電子設備等商機催化下，2020 年盈餘達 257 億元，每股盈餘 3.24 元。

## 南亞的價值投資評價

（1）買進南亞是不錯的投資，長期持有通常有良好獲利，也是很好的儲蓄。在南亞官方網站上有這麼一句話：「台塑企業向來認為企業經營最基本的要求，就是要讓全體股東獲得合理的投資報酬」，加上台塑集團的信譽，是可以讓投資人信賴的公司。

（2）以 5 年的平均現金股利 3.84 元推估，在現金殖利率 5％情況下，其合理價及便宜價如下：

合理價＝ **3.84 元 ×20 倍＝ 76.8 元**

便宜價＝ **3.84 元 ×16 倍＝ 61.44 元**

（3）但用上述推估，請注意下列三點：

- 南亞不斷有新產能、新市場，因為是成長股，所以價格高一點也可接受。
- 南亞是景氣循環股，最近兩年股利較低，上述推估的價格有可能偏低。
- 學理僅供參考，實際情形仍須由投資人自行斟酌。

（4）新產品、新市場：子公司南亞國際（開曼）投資公司
轉投資的越南河靜鋼鐵廠（股份占比 25％），分別於 2017 年及
2018 年 5 月點火第一座及第二座高爐，轉眼已運轉數年，受惠
2021 年國際鋼鐵價格大漲，對南亞有一定的貢獻度。

（5）南亞的轉投資事業玲瑯滿目，遍及鋼鐵、煉油、火力
發電等各種重要行業，若從生產基地及銷售範圍來看，遍及世界
各國，可謂家大業大。

（6）子公司南亞科技於 2021 年 4 月宣布，將在新北市泰山
南林科學園區興建一座 12 吋晶圓廠，採用 10 奈米製程技術生產
DRAM，月產能約 4.5 萬片，預計總投資金額高達 3,000 億元，
預計落成後將為南亞增添營運動能。

（7）南亞在銅箔、銅箔基板、玻纖布、印刷電路板、PVC
膠皮等多項產品，仍然不斷的在臺灣、中國、美國擴建新的產能，
持續成長中。

# 第四節
# 大亞（1609）的投資價值分析

## 公司簡介

　　大亞全名為「大亞電線電纜股份有限公司」，成立於 1962
年，歷史悠久，主要產品包括電力電纜、漆包線、通信電纜、
光纖光纜、封裝焊線，股本為 59.5 億元。集團旗下事業眾多，
每年貢獻億元以上，2020 年度的稅後淨利為 8.5 億元，每股盈
餘為 1.45 元，較上年度的 5.05 億元及每股盈餘 0.86 元，成長
68.32％，相較往年成長甚多，而且近 5 年的盈餘成長速度也快，
具成長性。

〔圖表 4-16〕大亞（1609）近 5 年稅後淨利概況表（億元）

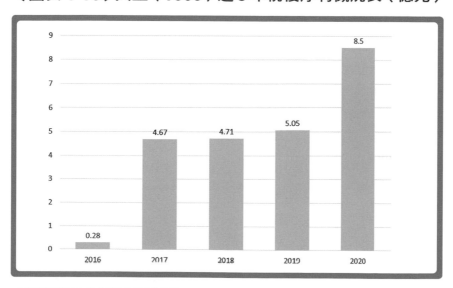

（資料來源：台灣股市資訊網）

〔圖表 4-17〕大亞（1609）旗下轉投資事業列表

| 轉投資事業 | 持股比例 | 會計原則 |
|---|---|---|
| Plastic Technology Investment | 25.60% | 權益法 |
| Ta Ya (China) Holding Ltd. | 100.00% | 權益法 |
| TA YA (Vietnam) Investment Holding Ltd. | 100.00% | 權益法 |
| Ta Ya Venture Holdings Ltd. | 100.00% | 權益法 |
| 大亞創新投資（股）有限公司 | 100.00% | 權益法 |
| 大亞創業投資（股）有限公司 | 96.87% | 權益法 |
| 大亞綠能科技（股）有限公司 | 85.00% | 權益法 |
| 大河工程顧問有限公司 | 48.00% | 權益法 |
| 大恒電線電纜（股）有限公司 | 61.36% | 權益法 |
| 大展電線電纜（股）有限公司 | 54.01% | 權益法 |
| 大義塑膠（股）有限公司 | 48.24% | 權益法 |
| 安鼎國際工程（股）有限公司 | 27.00% | 權益法 |
| 協同能源科技（股）有限公司 | 70.66% | 權益法 |
| 協創系統科技（股）有限公司 | 22.74% | 權益法 |
| 香港大亞電線電纜 | 99.99% | 權益法 |
| 榮星電線工業（股）有限公司 | 22.13% | 權益法 |
| 聚恆科技（股）有限公司 | 3.99% | 權益法 |
| 聯友機電（股）有限公司 | 42.78% | 權益法 |

〔圖表 4-18〕大亞（1609）近 5 年股利表現

| 發放年度 | 現金股利（元） | 股票股利（元） | 股利合計（元） |
|---|---|---|---|
| 2021 年 | 0.35 | 0.35 | 0.7 |
| 2020 年 | 0.3 | 0 | 0.3 |
| 2019 年 | 0.3 | 0.4 | 0.7 |
| 2018 年 | 0.35 | 0 | 0.35 |
| 2017 年 | 0 | 0 | 0 |
| 5 年平均 | 0.26 | 0.15 | 0.41 |

（資料來源：台灣股市資訊網）

## 大亞的價值投資評價

（1）大亞從 2017 年起業績有明顯進步，獲利能力轉強，例如 2020 年盈餘即翻倍為 8.5 億元，創下史上新高，每股盈餘 1.45 元，2021 年上半年盈餘 7.96 億元，已達上年度全年盈餘的 93.65％，故仍可多加留意，以免錯失機會。至於過去業績表現不佳，股利抱鴨蛋的年度不少，股價也一度低於票面，這些都已成歷史，可不必太在意。

（2）大亞新增「獲利引擎」帶動盈餘成長：過去以電線電纜的製造和銷售為主，產品單純、客戶集中，績效不佳，近年增加的獲利引擎包括太陽能發電及創投都已發揮成效，另外財務性

〔圖表 4-19〕大亞（1609）四大獲利引擎

| 本業復甦<br>需求增加 | 營運<br>太陽能電廠 | 創投<br>發揮成效 | 股利<br>收入增加 |
|---|---|---|---|

投資的股利收入也有所增加。

（3）電線電纜本業方面，由於臺商資金回流，工業區廠房興建工程增多，全臺各種型式的太陽能發電、風力發電以及民間房地產興盛，對電線電纜的需求增加，故毛利率增加（據台灣股市資訊網估計，2021 年可達 10.8％）、股東權益報酬率也變好（估計可達 18.8％）。

（4）在太陽能發電營運方面：

- 媒體報導大亞已完成的太陽能電廠有 29 座，總裝置容量 31MW，臺南學甲的地面太陽能電廠約 76MW 已併聯發電，加上其他零星裝置，合計容量達 120MW，規模不是很大，據指出一年電費收入（非盈餘）約可達 7 億多元。

- 透過子公司大亞綠能，買下大同旗下主導漁電共生的太陽光電開發商「志光能源」，積極進軍綠能事業。

- 旗下聚恆科技負責工程建置與機電維運。

（5）在創投方面：旗下創投公司擁有許多具有潛力的未上市公司股票，投資組合以半導體、生技、醫材與文創類股比重較高，隨著時間的增長，這些新創公司有機會登錄興櫃、上櫃、上市，帶來利潤，平時也會帶來股利收入。

（6）財務投資方面：持有台汽電（8926）股票 12,976 張、森霸電力公司股票 3 萬張、台積電（2330）股票 360 張，台汽電及台積電配息穩定、股利豐厚，森霸電力獲利能力強，皆能供應穩健收入。

# 第五節
# 豐興（2015）的投資價值分析

## 公司簡介

豐興（2015）鋼鐵成立於 1969 年，至今已 52 年，股本 58.2 億元，2020 年度的稅後盈餘為 26.2 億元，每股盈餘 4.5 元。主要產品包括供營建、造船、輸配電塔、機械製造、汽車維修及鋼骨結構等用途的型鋼；建築、道路橋梁、隧道等土木基礎結構用途的鋼筋；供螺絲螺帽、磨光棒、手工具、汽機車零件等用途的條線（棒鋼、盤元）。主要原料為廢鋼。

受惠於臺商回流建廠，鋼筋銷售成長，銷售量成長明顯；且在全球疫情逐漸緩和下，預期鋼鐵景氣將會持續好轉，在國際原料行情下，調漲價格為產業趨勢。

〔圖表 4-20〕豐興（2015）近 5 年股利表現

| 發放年度 | 現金股利（元） | 股票股利（元） | 股利合計（元） |
|---|---|---|---|
| 2021 年 | 3.5 | 0 | 3.5 |
| 2020 年 | 3.0 | 0 | 3.0 |
| 2019 年 | 4.0 | 0 | 4.0 |
| 2018 年 | 3.5 | 0 | 3.5 |
| 2017 年 | 3.0 | 0 | 3.0 |
| 5 年平均 | 3.4 | 0 | 3.4 |

〔圖表 4-21〕豐興（2015）近年股價走勢圖

（資料來源：台灣股市資訊網）

# 豐興的價值投資評價

（1）穩定的股利：**該公司過去連續 22 年配發現金股利**，合計 54.15 元（另有股票股利 1.5 元），現金股利平均每年 2.46 元。最近 5 年都是現金股利，平均每年 3.4 元，可見雖然是景氣循環顯著的鋼鐵業，但股性卻是股利平穩的定存股。

（2）殖利率：以 5 年平均現金股利 3.4 元，對應 2021 年 9 月時的股價約 80 元，殖利率為 4.25％，雖然低於 5％，但公司體質優良，值得投資人留意，若逢低價可以考慮，若有 60 元以下價位更佳。

（3）新產品：豐興新開發的高強度和高拉力鋼筋，已開始推進市場，因能增加大樓的安全性，且美國等地也大力推廣使用，未來將成為超高大樓市場的主流產品。新的鋼筋廠效益顯現，成本降低、競爭力提高，新開發的超高拉力鋼筋，售價較一般產品提高 10％以上，可提升毛利率。

（4）新事業契機：2020 年 6 月 11 日董事長於股東會指出，

公司攜手家族成員及董監事，在彰濱工業區投資設立一般及事業廢棄物處理廠，豐興持股 29.71％（51,625,000 股），將分二期工程設廠，其中第一期工程已通過環評作業，將於近期內動工，預計 2022 年完工，接著將展開第二期工程，一、二期合計每日處理量可達 700 公噸。

由於廢棄物處理廠需要諸多證照，進入門檻高，一旦進入則競爭者稀少，獲利穩定，例如日友（8341）、可寧衛（8422）、崑鼎（6803）都表現良好，獲利甚佳，股價都在百元以上。因此，豐興投入的廢棄物處理廠，可視為鋼鐵本業以外的第二個獲利引擎。

（5）鋼鐵上漲：2021 年國際原物料大漲，豐興前 3 季的稅後淨利達 28.2 億元，較上年同期的 19.15 億元成長 47.3％；每股盈餘為 4.85 元，優於上年同期的 3.29 元。

（6）擁有多項金融資產：在金融、高科技、傳產等產業都有持股，每年現金股利收入可觀，對公司盈餘很有助益。

〔圖表 4-22〕豐興（2015）持有股票概況表

| 公司名稱 | 持股數量（張） |
| --- | --- |
| 豐堉資源 | 51,625 |
| **Great Fortune Holding Limited** | 31,407 |
| 台灣鋼聯 | 23,280 |
| 汶山企業 | 18,000 |
| 建新國際 | 8,204 |
| 永豐金控 | 9,263 |
| 國威金屬工業 | 3,800 |
| 國暉鋼鐵 | 3,800 |
| 聯強國際 | 2,426 |
| 豐碩投資 | 3,640 |
| 元大高股息 | 3,376 |
| 達欣工程 | 1,847 |
| 福懋興業 | 3,162 |
| 華碩電腦 | 401 |
| 台泥 | 2,426 |
| 兆豐金控 | 3,059 |
| 大聯大控股 | 2,562 |
| 尚揚創業投資 | 71 |
| 宏全國際 | 851 |
| 和碩科技 | 1,583 |
| 遠傳電信 | 1,634 |
| 台塑 | 1,247 |
| 卜蜂企業 | 717 |
| 臻鼎科技控股 | 830 |
| 台積電 | 225 |
| 永信國際投資控股 | 1,347 |

註 1：資料來源：豐興 2021 年年報。
註 2：持股數量也許會變動，實際數量以公司資料為準。

〔圖表 4-23〕豐興（2015）主要獲利來源

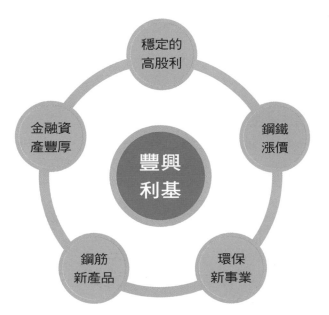

## 第六節
# 佳世達（2352）的投資價值分析

## 公司簡介

佳世達成立於 1984 年，股本 196.7 億元，重要的子公司包括明基電通、蘇州佳世達、Qisda (L) Corp.，以及近年入股的眾多公司。

2019 年因面板市況不佳，轉投資事業友達（2409）公司的巨大虧損，帶給佳世達沉重的業外壓力，但 2020 年第 3 季起面板業反轉，友達（2409）大賺，對佳世達助益不少。

佳世達持有友達（2409）6.9％股份，董事長曾為友達董事，會計處理是以「權益法認列」，因此友達的盈虧會影響佳世達的損益數值。從 2021 年 5 月起，佳世達董事長辭去友達董事職位，對友達投資的會計處理改為「透過其他綜合損益按公允價值衡量（FVOCI）」，對友達的投資將依市價進行評價，並將變動數列於「其他綜合損益項下」，此評價數字不影響佳世達的損益，有降低股價波動的效果。

## 佳世達打造大艦隊

佳世達近年實行併購策略，要形成大艦隊，併購對象是上櫃或興櫃、資本額較小、前景不錯的公司，期望經由併購策略茁壯，如果眼光精準，將來發揮集團作戰功能，就能成為成長股。

佳世達董事長陳其宏多次陳述他的理念表示，大艦隊是個互

惠的平臺，而且追求的不只是集團轉型，更進一步希望越來越多
隱形冠軍加入，打造國家隊的規模。前幾年剛開始併購計畫，採
取穩紮穩打策略，重視投資後的管理，現今已能看到效益，成長
速度加快，預期接下來會注意新創公司、發掘獨角獸，放眼 5
年、10 年的長期布局。

〔圖表 4-24〕佳世達（2352）近 5 年股利表現

| 發放年度 | 現金股利（元） | 股票股利（元） | 股利合計（元） |
|---|---|---|---|
| **2021 年** | 1.50 | 0 | 1.50 |
| **2020 年** | 0.75 | 0 | 0.75 |
| **2019 年** | 0.85 | 0 | 0.85 |
| **2018 年** | 1.35 | 0 | 1.35 |
| **2017 年** | 1.32 | 0 | 1.32 |
| **5 年平均** | 1.15 | 0 | 1.15 |

〔圖表 4-25〕佳世達（2352）近 5 年現金股利

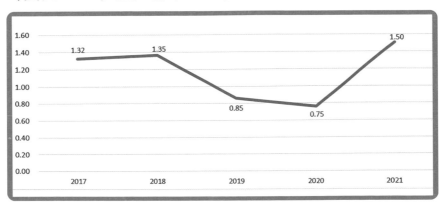

〔圖表 4-26〕佳世達（2352）近年獲利概況

| 年度 | 營業收入<br>（億元） | 盈餘（億元） | 每股盈餘（元） |
|---|---|---|---|
| 2021 年前 3 季 | 1,641 | 73.1 | 3.72 |
| 2020 年 | 1,917 | 49.9 | 2.54 |
| 2019 年 | 1,698 | 35.8 | 1.82 |
| 2018 年 | 1,558 | 40.4 | 2.05 |
| 2017 年 | 1,369 | 52.9 | 2.69 |

〔圖表 4-27〕佳世達（2352）近年股價走勢圖

（資料來源：台灣股市資訊網）

## 佳世達的價值投資評價

（1）適合作為成長股存股對象：該公司近 5 年平均現金股利 1.15 元，對照股價 30 元，5 年平均現金殖利率約 3.8%，雖然未達 5%，但作為成長股尚可接受，且最近 1 年現金股利 1.5 元，現金殖利率為 5%。

（2）營收年年成長：2020 年營收達 1,917 億元，年增率

〔圖表 4-28〕佳世達（2352）子公司大艦隊概況

| 大艦隊成員 | 公司概況 |
|---|---|
| 聚碩（6112） | 上櫃公司，可藉此取得全球逾 40 家知名資通訊品牌代理權。工作站及伺服器主機營收占比 45.39%、網路及通訊設備軟硬體營收占比 25.90%、工具、整合應用軟體及服務營收占比 23.66%。（近 5 年股利見下頁圖表 4-29） |
| 勝品（6556） | 上櫃公司，與佳世達攜手，開發以高通晶片為主的產品。 |
| 友通（2397） | 上櫃公司，工業用板卡及系統營收占比 94%。（近 5 年股利見下頁圖表 4-30） |
| 拍檔（3097） | 興櫃公司，生產 POS 系統主機周邊、電腦周邊。 |
| 虹韻 | 代理瑞士及西門子助聽器。 |
| 明泰（3380） | 上櫃公司，區域都會網路產品營收占比 64.27%、無線寬頻網路產品營收占比 26.59%。 |
| 凱圖國際 | 血液透析、血漿治療、血袋事業、醫學美容等產品及服務，市場版圖涵蓋臺灣、中國、東南亞。 |
| 眾福科（3168） | 興櫃公司，生產液晶顯示器模組。 |
| 宇迪光學 | 中國光學廠，生產光學鏡頭零組件。 |
| 明基醫（4116） | 興櫃公司，原為三豐醫療器材（股）有限公司。 |
| 羅昇（8374） | 上市公司，自動化控制產品營收占比 54.31%、工業傳動類產品營收占比 45.50%。 |
| 矽碼（3511） | 上櫃公司，車用、醫療及工業產品營收占比 36.73%、穿戴式裝置營收占比 36.68%。 |
| 友達（2409） | 面板廠。 |

〔圖表 4-29〕子公司聚碩（6112）近 5 年股利表現

| 發放年度 | 現金股利（元） | 股票股利（元） | 股利合計（元） |
|---|---|---|---|
| 2021 年 | 2.5 | 0 | 2.5 |
| 2020 年 | 3.0 | 0 | 3.0 |
| 2019 年 | 1.5 | 1 | 2.5 |
| 2018 年 | 1.5 | 1 | 2.5 |
| 2017 年 | 1.5 | 0.5 | 2 |
| 5 年平均 | 2.0 | 0.5 | 2.5 |

〔圖表 4-30〕子公司友通（2397）近 5 年股利表現

| 發放年度 | 現金股利（元） | 股票股利（元） | 股利合計（元） |
|---|---|---|---|
| 2021 年 | 3.0 | 0 | 3.0 |
| 2020 年 | 5.0 | 0 | 5.0 |
| 2019 年 | 5.28 | 0 | 5.28 |
| 2018 年 | 4.2 | 0 | 4.2 |
| 2017 年 | 4.5 | 0 | 4.5 |
| 5 年平均 | 4.4 | 0 | 4.4 |

12.9％；2021 年前 3 季合併營收 1,641 億元，年增率 21.9％。

（3）盈餘成長：2020 年盈餘 49.9 億元，年增率 39.39％。由於投資公司眾多，而這些公司的營收和盈餘也因為佳世達的投入有所成長，佳世達再獲得股利回報可望與日俱增，這就是盈餘成長的動力。

（4）新設「網通事業群」：以策略投資及併購作為成長策略，包括新設網通事業群，納入明泰（3380）、仲琦（2419）兩家公

司，挹注成長動能。

（5）子公司大艦隊中不只生產工業電腦的友通獲利良好，也一直增加新成員，拓展多個產業領域，包括：

- 拍檔科技投資 COREX，成為佳世達集團進軍非洲的灘頭堡。
- 入主合眾專訊進軍「Smart Hotel」（智能飯店）領域，經營兩岸四地的酒店智慧管理業務。
- 投資益欣資訊發展全通路平臺，協助大型連鎖企業進行多通路、多店管理，在臺灣餐飲零售業市占率超過 3 成。
- 投資 10.12 億元取得矽瑪 51.3％股權。
- 旗下凱圖國際投資印尼當地最大捐血耗材通路商 Frismed，成為第二個東南亞營業據點。佳世達表示，東南亞有 6.5 億人口與內需市場，攜手 Frismed 不僅是凱圖在印尼的重要起步，也是集團醫療事業東南亞布局的新里程碑。

（6）由於採取併購策略最需要的就是經費，來源大致會從公司的盈餘及長期借款來支應，這可能使公司的配息率無法大幅提升，現金股利不會太好，長期負債上也會有較大金額的增加。

〔圖表 4-31〕佳世達（2352）主要獲利來源

# 第七節
# 達欣工（2535）的投資價值分析

## 公司簡介

達欣工程公司成立於 1967 年，股本 33.74 億元，是老牌甲級綜合營造業，承攬公共工程、工業區廠房、住宅工程等，為了要承攬統包工程業務，公司也申請新增「冷凍空調業」、「自來水管承裝業」、「電器承裝業」三項特許營業項目。

統包工程的範圍包含「細部設計」及「施工」，並涵蓋測試、訓練、一定期間之維修或營運等事項，由於很多機關標案是採用統包工程發包，而招標文件規定之廠商評審標準，會包括技術能力、設計、計畫之完整性及可行性，因此達欣新增的營業項目有助於未來承攬機關標案。

達欣近年營業收入及盈餘都表現不錯，但由於工程之特性使然，完工即列帳時間並非均勻分布在各年度，所以營收及盈餘的數值，難免會有起伏。另外，由於房地產熱絡，科技大廠廠房案件增加，所以工程金額達到十年來的高峰，毛利率也大幅提升，在多種有利情形之下，該公司 2020 年的每股盈餘、股東權益報酬率都表現優異。

## 籌碼及配息狀況

公司配息大方，現金殖利率很高，長期以來都是散戶存股的標的，但近期股價明顯上漲之後，已有不少小股東獲利了結，中

實戶及大戶則是加碼買進。

雖然是容易受景氣循環影響的工程公司,但近年盈餘相當平穩,5 年現金股利平均 1.74 元,若以 5 年平均現金股利的 20 倍作為合理價、16 倍作為便宜價,推估股價如下:

合理價= **1.74** 元 ×**20** 倍= **34.8** 元

便宜價= **1.74** 元 ×**16** 倍= **27.8** 元

對照 2021 年 9 月時的市價約 30 元,5 年平均現金殖利率 5.8%,股價尚屬合理。

〔**圖表 4-32**〕**達欣工（2535）近 5 年股利表現**

| 發放年度 | 現金股利（元） | 股票股利（元） | 股利合計（元） |
|---|---|---|---|
| **2021** 年 | 2.51 | 0 | 2.51 |
| **2020** 年 | 1.39 | 0 | 1.39 |
| **2019** 年 | 1.62 | 0 | 1.62 |
| **2018** 年 | 1.6 | 0 | 1.6 |
| **2017** 年 | 1.58 | 0 | 1.58 |
| **5 年平均** | 1.74 | 0 | 1.74 |

〔**圖表 4-33**〕**達欣工（2535）近 5 年現金股利**

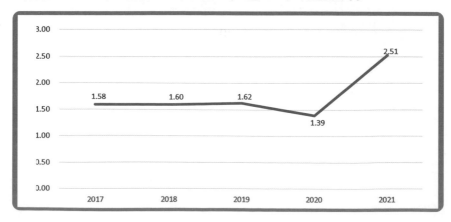

〔圖表 **4-34**〕達欣工（**2535**）近 **5** 年營業收入

| 年度 | 營業收入（億元） |
|---|---|
| **2020** 年 | 151 |
| **2019** 年 | 108 |
| **2018** 年 | 145 |
| **2017** 年 | 111 |
| **2016** 年 | 125 |

〔圖表 **4-35**〕達欣工（**2535**）近年股價走勢圖

（資料來源：台灣股市資訊網）

〔圖表 **4-36**〕達欣工（**2535**）轉投資企業列表

| 轉投資事業 | 持股比例 |
|---|---|
| **Dacin Asia Holdings Ltd.** | 100% |
| 達欣開發 | 100% |
| 達欣整合科技 | 100% |
| 中泰賓館 | 2.73% |
| 凱撒大飯店 | 3.0% |
| 愛山林建設開發 | 1.71% |
| 達灃興業 | 19.05% |

## 達欣工的價值投資評價

（1）適合作為存股概念口袋名單，且因小股東眾多，股價波動難免，可考慮於適當時機逢低買進。

（2）適逢臺商回臺投資設廠熱潮，營建需求大幅增加、案源豐富，此外，公司擁有許多待售房地產及在建房地產，中長期營收能見度無虞。

（3）新臺幣兌換美元持續升值至 1：27.7 左右，而達欣國內業務占 99％，不受匯率影響。

（4）公司工程實力堅強、技術優良，但成本價格大漲（例如：鋼筋、水泥），利潤也許會受到一些影響。

（5）財務性投資方面，持有台積電 1,630 張、漢唐集成 500 張、鴻海 500 張，每年可為公司帶來不少股利收入。基金方面則持有兆豐國際寶鑽貨幣基金、國泰臺灣貨幣基金等多項基金各數千張，每年可為公司帶來不少孳息收入。（資料來源：公司 2021 年 9 月 23 日公告及 2021 年年報）

（6）不動產開發（例如蓋房子出售）是公司另一項重要收入來源，近年不動產開發位於雙北各區、屏東及越南，預計推案時間到 2023 年。

〔圖表 4-37〕達欣工（2535）不動產開發案列表

| 案名 | 位置 | 預估總銷 | 達欣占比 | 預計執行期間 |
|---|---|---|---|---|
| 海洋都心 3 | 淡水區 | 183 億元 | 9.54% | 109～111 年 |
| 中山站捷一 | 中山區 | 13.5 億元 | 30% | 109～110 年 |
| 港子嘴段 | 板橋區 | 規畫中 | 20% | 110～112 年 |
| 香揚段 | 屏東市 | 規畫中 | 21.63% | 110～112 年 |
| 信義文華 | 信義區 | 22 億元 | 100% | 109～110 年 |
| 金山南路案 | 中正區 | 7 億元 | 100% | 109～110 年 |
| 新坡段 | 新店區 | 25 億元 | 100% | 110～112 年 |
| 泰林段 | 泰山區 | 21 億元 | 20% | 110～112 年 |
| VISION 2 | 越南 | 10 億元 | 58.50% | 109～111 年 |

（資料來源：2020 年法說會簡報）

## 第八節
# 富邦金（2881）的投資價值分析

## 公司簡介

富邦金控成立於 2001 年 12 月，資本額 1,340.5 億元，旗下台北富邦銀行透過併購方式成長快速，併購包含台北銀行、香港港基銀行、華一銀行，及參股中國廈門銀行等，另外在 2021 年 3 月宣布公開收購日盛金控，預計於 2022 年第 1 季完成合併，成為國內首例金控整併案例。

富邦人壽的保費收入及投資績效亮眼，加上富邦產險及富邦證券也表現不凡，多重獲利引擎快速成長，帶動富邦金整體獲利及股價快速上揚，2020 年獲利 902.7 億元、年成長 54.3％、每股盈餘 8.54 元，**連續 12 年蟬聯金控業獲利王**，2021 年前 10 月獲利 1,358 億元、每股盈餘 11.81 元，持續拉開與其他金控公司的差距。

〔**圖表 4-38**〕**富邦金（2881）近 5 年盈餘概況**

| 年度 | 盈餘（億元） | 每股盈餘（元） |
|---|---|---|
| 2021 年前 10 月 | 1,358 | 11.81 |
| 2020 年 | 903 | 8.54 |
| 2019 年 | 585 | 5.46 |
| 2018 年 | 477 | 4.52 |
| 2017 年 | 541 | 5.19 |
| 2016 年 | 484 | 4.73 |

# 4 大子公司獲利狀況

　　富邦金控的 4 大獲利主力為富邦人壽、台北富邦銀行、富邦證券及富邦產險，獲利爆發的主因是富邦人壽投資績效亮眼所致，富邦人壽是國內規模僅次於國泰人壽的壽險公司，在全球新冠肺炎疫情逐漸復甦的條件下，投資市場環境良好，2021 年前 8 月獲利 899.3 億元，占富邦金整體獲利的 73.5%。富邦人壽投資規模方面，整體高達 4.6 兆元左右，項目包括國外債券（約 49%）、國內債券、國內外股票。2021 年上半年投資報酬率 5.97%。

　　台北富邦銀行、富邦證券及富邦產險在 2021 年前 8 月分別獲利 134.8 億元、53.8 億元及 56 億元，其中台北富邦銀行成長主因在於放款規模不斷擴張，已經來到約 1.5 兆元的規模，富邦證券因股市投資熱潮而獲益，富邦產險則是穩坐國內產險龍頭。

　　在合併日盛金控後，除了台北富邦銀行的各項業務及市占率提升之外，主要在於國內證券市場復甦，發展蓬勃，雖然富邦證券獲利對富邦金控來說占比很低，但納入日盛證券的業務量及客源挹注後，將一舉大幅提升富邦證券市占率至第二名，僅次於元

〔圖表 4-39〕富邦金（2881）4 大子公司獲利占比

| 重要子公司 | 2020 年獲利占比 | 2021 年上半年獲利占比 |
|---|---|---|
| 富邦人壽 | 67.1% | 73.5% |
| 台北富邦銀行 | 20.8% | 11.0% |
| 富邦證券 | 4.6% | 4.4% |
| 富邦產險 | 6.24% | 4.6% |

大證券，在國內已相當飽和的證券市場中，進一步拓展出路。

## 股利配發概況

　　富邦金經營能力強、績效好，目前股價也已經開始有所反映，但股利部分長期不算豐厚，主要原因是自 2013 年起，壽險公司的配息受到主管機關管制。主管機關希望壽險公司盡量不要配息，若要配息必須先取得核准，而事實上核准機會不多，金額也不大，金控公司為維持信譽，只能從證券、銀行、產險等其他子公司的盈餘拿來配息，導致配息率偏低。以 2017 年為例，七大壽險公司稅後獲利 1,201 億元，國泰人壽、富邦人壽及中國人壽三家獲准配發現金股利合計 190 億元，僅占獲利的 15.8％，2018 年則沒有核准任何壽險公司配發現金股利。

　　會有這樣的管制，據說是起因於金融海嘯，當時壽險公司投資的金融資產帳面上因為會計評價而出現重大跌價損失，為保守起見便加以限制。但金融海嘯已過去十幾年，現在限制配息的理由就改成保險會計準則（IFRS 17）將於 2026 年接軌的問題。

　　導入 IFRS 17，負債科目要按公允價值列帳，也就是說，壽險公司在過去高利率時代承攬的保單，利差損並非以公允價值列帳，有偏低的可能，在導入 IFRS 17 後，可能需要提列更多的責任準備，在提列的年度會使淨利減少、淨值下降。而主管機關為了不要因為導入 IFRS 17 使得一些指標（例如淨值資產比、資本適足率〔RBC〕等 ）變得難看或不符標準，所以不願核准發現金股利。

　　其實 IFRS 17 的條文至今尚未訂定出來，究竟影響有多大，

目前都還在猜測階段，雖然壽險公會多次出面反駁媒體相關報導，嘗試降低民眾疑慮及對股價的影響，但大家只能各說各話，無法大力匡正媒體的說法。也因為如此，富邦金的獲利長期保留在公司，截至 2020 年底保留盈餘已高達新臺幣 3,698 億元，公司每股淨值也持續累積達到 66.33 元。

〔圖表 4-40〕富邦金（2881）近年股利配發情形

| 配發年度 | 現金股利（元） | 股票股利（元） | 股利合計（元） |
|---|---|---|---|
| 2021 年 | 3.0 | 1.0 | 4.0 |
| 2020 年 | 2.0 | 0 | 2.0 |
| 2019 年 | 2.0 | 0 | 2.0 |
| 2018 年 | 2.3 | 0 | 2.3 |
| 2017 年 | 2.0 | 0 | 2.0 |
| 5 年平均 | 2.26 | 0.2 | 2.46 |

〔圖表 4-41〕富邦金（2881）近年股價走勢圖

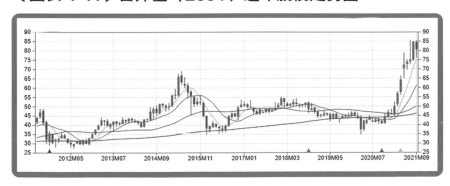

（資料來源：台灣股市資訊網）

## 富邦金的價值投資評價

（1）投資人如果前幾年已經買進，隨著富邦金營運成長，應都有賺到，若加計近 5 年現金股利 11.3 元，獲利將更可觀。

（2）以 2021 年前 8 月盈餘的組成來看，富邦人壽占 73.5%，也就是說，如果金管會對壽險業的管制政策不變，則未來配息率可能仍無法提升。

（3）2021 年提升現金股利到 3 元、股票股利 1 元，股價大受激勵，其現金殖利率已低於 5%，且股本增加 10%，有稀釋每股盈餘的效果，不宜過度追高。但若投資人看好該公司的強大獲利能力，以及合併日盛金控之後的綜效，亦不妨於較低價出現時酌量投資。

（4）富邦金的投資規模巨大，這些金融資產即使沒有賣出，也經常要做評價，股價也難免波動，投資人應銘記於心：這是家好公司，股價波動是讓你有低價加碼的機會。

（5）同樣每年配發 2 元或 3 元現金股利的公司其實還有不少，例如國泰金（2882）、新保（9925）、中鼎（9933）都是，它們的股價有些甚至比富邦金還低，投資人也可一併考慮，擇優投資。

（6）關於新臺幣升值：由於壽險公司有許多金融商品（例如股票）是以美元計價，當新臺幣升值，商品本身及其孳息在帳面上難免會出現匯兌損失，對壽險公司盈餘較為不利，但升值的趨勢不會永遠不變，在美國聯準會準備收縮貨幣或升息情況下，新臺幣升值似乎已近尾聲，出現大量匯兌損失的可能性不大。

# 第九節
# 國泰金（2882）的投資價值分析

## 公司簡介

　　國泰金控為臺灣最大金融控股公司，資產總額截至 2020 年底達新臺幣 10.95 兆元，資本額 1,470.26 億元，經營以穩健著稱，核心子公司包含國泰人壽、國泰世華銀行、國泰綜合證券及國泰產險，其中主要的獲利引擎為國泰人壽及國泰世華銀行。

　　國泰金 2020 年全年獲利 745.8 億元、每股盈餘 5.41 元，表現亮眼，2021 年前 10 月受惠於國泰人壽積極實現投資部位資本利得，大賺 1,279.4 億元、每股盈餘 9.39 元，已超過去年全年業績，帶動股價從約 40 元的價位攻至 60 元，長期存股國泰金的投資人不僅賺到股利，更能賺到價差，這就是「存好股」的魅力。

〔圖表 4-42〕國泰金（2882）近 5 年盈餘概況

| 年度 | 盈餘（億元） | 每股盈餘（元） |
|---|---|---|
| 2021 年前 10 月 | 1,279.4 | 9.39 |
| 2020 年 | 745.8 | 5.41 |
| 2019 年 | 627.6 | 4.76 |
| 2018 年 | 514.7 | 3.95 |
| 2017 年 | 563.1 | 4.47 |
| 2016 年 | 476.2 | 3.79 |

# 國泰人壽

　　國泰人壽是國內規模最大的保險公司，總投資金額也是最大的，截至 2021 年 6 月底高達 7.1 兆元，投資報酬率約 5.59％。以投資國內外債券及國內外股票為主。由於部位實在太大，各種外在環境風險影響、避險需要以及是否有足夠的投資標的，是一大難題。

〔圖表 4-43〕國泰金（2882）近 5 年股利配發情形

| 配發年度 | 現金股利（元） | 股票股利（元） | 股利合計（元） |
|---|---|---|---|
| 2021 年 | 2.5 | 0 | 2.5 |
| 2020 年 | 2.0 | 0 | 2.0 |
| 2019 年 | 1.5 | 0 | 1.5 |
| 2018 年 | 2.5 | 0 | 2.5 |
| 2017 年 | 2.0 | 0 | 2.0 |
| 5 年平均 | 2.1 | 0 | 2.1 |

〔圖表 4-44〕國泰金（2882）近年股價走勢圖

（資料來源：台灣股市資訊網）

## 國泰金的價值投資評價

（1）國泰人壽是投資人購買國泰金時的觀察重點，大略來說，由於國泰人壽與其他壽險公司相同，是以投資國內、外債券為主，在債券殖利率來到空前低點而有可能反轉上揚之際，趁機賣出、實現獲利，對其獲利及金控股價幫助是非常大的。股票部位的部分，壽險公司由於資金規模龐大，投資的標的都是經過層層把關及篩選，是可長期持有的績優股，但適逢股市大波段上漲，機會難得，改採高出低進的策略，獲得空前亮麗的績效。

（2）國泰金的每股淨值已經連續 3 年成長，近 3 年年底分別為 36.87 元、52.49 元及 60.74 元，股東權益報酬率穩定維持在 9% 以上，是值得逢低買進的好標的。

（3）配息方面，由於主管機關對壽險業者的管制，配息率無法大幅跳升，不過在 2021 年前 10 月大賺 1,279.4 億元，以及今年富邦金（2881）發放 3 元的現金股利，大於國泰金（2882）的 2.5 元情況下，明年國泰金（2882）的現金股利進一步提升的機會是樂觀的。國泰金（2882）現金股利殖利率約 4.5 ％，若是搭配逢低買進的存股策略，相信讀者能有不錯的投資成果。

## 第十節
# 開發金（2883）的投資價值分析

## 公司簡介

　　開發金成立於 2001 年 12 月 28 日，資本額 1,500.52 億元，是一家大型金控公司。子公司包括凱基銀行、中國人壽、凱基證券、中華開發資本，是具有壽險、商銀、證券及創投四大獲利平臺的金控公司，且在子公司以下的關係企業甚多。

　　2021 年前 10 月盈餘 318.88 億元，每股盈餘 2.13 元，績效優於上年度整年，非常亮眼。另外，由於開發金（2883）於 2021 年 2 月再次收購中國人壽股票，持股比例已提升至 56％，2021 年底前完成 100％的收購後，將可認列中壽 100％的收益。

〔圖表 4-45〕開發金（2883）近 5 年盈餘概況

| 年度 | 盈餘（億元） |
|---|---|
| 2021 年前 10 月 | 318.88 |
| 2020 年 | 126.60 |
| 2019 年 | 128.00 |
| 2018 年 | 78.50 |
| 2017 年 | 117.00 |
| 2016 年 | 59.20 |

## 開發金的投資價值評價

（1）擁有不錯的現金殖利率：過去幾年股利金額約 0.6 元，若以 12 元價格買進（很長一段時間股價在 12 元以下），現金殖利率達 5%。

**〔圖表 4-46〕開發金（2883）近 5 年現金股利**

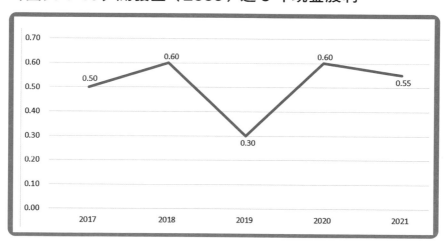

**〔圖表 4-47〕開發金（2883）近年股價走勢圖**

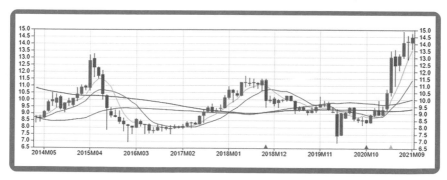

（資料來源：台灣股市資訊網）

（2）股價具有想像空間：股價於 2021 年 9 月僅約 14 元，但 2021 年上半年的每股淨值為 15.07 元，股價淨值比 92.9％，顯示股價並未偏高。此外，持有中國人壽的股權陸續增加，加上凱基證券受惠於證券業繁榮，成交量及盈餘大增，讓開發金股價深具想像空間。

（3）業外及轉投資收益：南京東路的舊總部辦公大樓處分利益約 80 億元，入帳時間在 2021 年第 3 季。創投公司所投資之公司，有機會成長變成小金雞，包括股利回饋、股票出售都是收益來源。

（4）由於開發金（2883）於 2021 年年底前將完成 100％的中壽（2823）股權收購，以後可認列中壽盈餘的 100％，比前一年只能認列 35％，顯然更為有利。

## 開發金的弱勢

（1）資本額很大，績效不容易在每股盈餘及股價上反映，因此，投資人於低檔「守株待兔」的時間有可能比較長。

〔圖表 4-48〕開發金（2883）的優勢

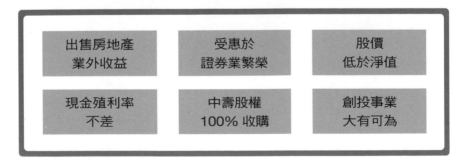

| 出售房地產<br>業外收益 | 受惠於<br>證券業繁榮 | 股價<br>低於淨值 |
| 現金殖利率<br>不差 | 中壽股權<br>100％ 收購 | 創投事業<br>大有可為 |

（2）股價容易波動：壽險、證券、中華開發資本等子公司的金融資產規模較大，經常要做評價，股價也難免波動。也就是，這些金融資產即使沒有賣出，也會在股市大盤不好的時候，經由評價而出現帳面損失，影響盈餘及股價。

（3）股權較為凌亂：本國個人散戶持股高達 50.83％，股東人數高達 594,774 人。而且 2021 年底併購中壽最後階段（約 44％），是發行開發金普通股及特別股，用以換入投資人中壽股票，將使開發金股本大幅增加，未來的每股盈餘也會受到稀釋。

# 第十一節
# 元大金（2885）的投資價值分析

## 公司簡介

　　元大金是以證券為主體的金控公司，在 2013 年併購紐約人壽後也正式跨入壽險領域，目前獲利引擎包含元大證券、元大銀行、元大人壽、元大期貨、元大投信等，資本額 1,213.74 億元。2020 年獲利 241.05 億元，年成長 18.1%；每股盈餘 1.99 元，年成長 13.7%；每股淨值 20.87 元。2021 年前 10 月獲利 303 億元，每股盈餘 2.50 元，營運持續增溫。

〔圖表 4-49〕元大金（2885）近 5 年盈餘概況

| 年度 | 盈餘（億元） | 每股盈餘（元） |
|---|---|---|
| 2021 年前 10 月 | 303 | 2.50 |
| 2020 年 | 241 | 1.99 |
| 2019 年 | 204 | 1.75 |
| 2018 年 | 187 | 1.59 |
| 2017 年 | 162 | 1.37 |
| 2016 年 | 134 | 1.16 |

## 最大獲利引擎 —— 元大證券

　　元大證券在併購復華金控及寶來證券後，長年穩居臺灣證券業務龍頭，並持續拓展海外市場，包含設立元大證券（香港）有限公司、併購韓國東洋證券、轉投資元大證券（柬埔寨）有限公

司、收購印尼及泰國券商、2017 年取得越南第一證券 99.95％股
權（後更名為元大證券越南有限公司）等，於亞洲市場多有布
局，除了深入當地市場擴展客戶外，也為公司長足發展立下良好
基礎。

〔圖表 4-50〕元大金（2885）的海外市場發展

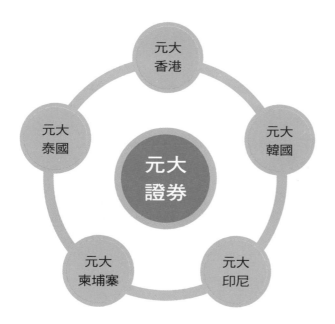

獲利部分，元大證券 2020 年獲利 144 億元，約占該金控整
體獲利的 59.7％，經紀業務手續費收入年成長 82.9％，主要是
受惠於國內投資動能及每日成交量大幅上揚所致（見下頁圖表
4-51）。除了低利環境帶動存股風潮之外，也跟國內近期當沖盛
行有關，進一步帶動元大證券手續費收入的成長。

〔圖表 **4-51**〕台股最近 **1** 年成交資訊

| 成交年月 | 月成交總金額<br>（億元） | 日成交均量（億元） |
|---|---|---|
| **2021 年 8 月** | 81,241 | 3,693 |
| **2021 年 7 月** | 123,808 | 5,628 |
| **2021 年 6 月** | 101,137 | 4,816 |
| **2021 年 5 月** | 110,116 | 5,244 |
| **2021 年 4 月** | 85,229 | 4,486 |
| **2021 年 3 月** | 70,550 | 3,207 |
| **2021 年 2 月** | 45,146 | 3,473 |
| **2021 年 1 月** | 74,260 | 3,713 |
| **2020 年 12 月** | 61,939 | 2,693 |
| **2020 年 11 月** | 48,037 | 2,287 |
| **2020 年 10 月** | 33,999 | 1,789 |
| **2020 年 9 月** | 43,713 | 1,987 |
| **2020 年 8 月** | 48,599 | 2,314 |

（資料來源：台灣股市資訊網）

## 元大銀行、元大人壽及元大期貨

　　元大金第二大獲利引擎為元大銀行，2020 年獲利 68.9 億元，約占整體金控的 28.6%，不過相較元大證券的獲利能力及長年穩居市場龍頭來說，元大銀行的特色及前景較不明顯，放款成長率、市占率及財管手續費收入都僅維持平穩或微幅衰退，在國內銀行市場飽和的情況下，先前併購大眾銀的綜效仍待時間發酵。

　　較值得一提的是元大人壽。2013 年元大併購紐約人壽後，算是補足了壽險這一重要版圖，在 2019 年獲利來到 9 億元、

2020 年則倍增到 18 億元，占整體金控的 7％並持續成長，在持續擴大保費收入及實現投資利得的情況下，已逐漸站穩金控第三獲利引擎的角色。

元大期（6023）則是一間由元大金持股 68％的上櫃期貨公司，資本額 29 億元，規模為臺灣最大，由法說會簡報可知在各項領域皆位居業界翹楚，穩健獲利的同時也願意與股東分享，近 3 年現金股利分別為 2.8 元、3.2 元及 2.8 元，現金殖利率穩定在 5％至 6％，也是可考慮的存股標的。

**〔圖表 4-52〕元大金（2885）近 5 年股利配發情形**

| 配發年度 | 現金股利（元） | 股票股利（元） | 股利合計（元） |
|---|---|---|---|
| **2021 年** | 1.20 | 0 | 1.20 |
| **2020 年** | 0.65 | 0.4 | 1.05 |
| **2019 年** | 0.90 | 0 | 0.90 |
| **2018 年** | 0.56 | 0 | 0.56 |
| **2017 年** | 0.45 | 0 | 0.45 |
| **5 年平均** | 0.75 | 0.08 | 0.83 |

**〔圖表 4-53〕元大金（2885）近年股價走勢圖**

（資料來源：台灣股市資訊網）

# 元大金的價值投資評價

（1）近年之股東權益報酬率不斷上升，2020年的股東權益報酬率已提升至9.92%（近5年分別為6.86%、7.82%、8.82%、9.09%、9.92%），這是很好的現象。

（2）**元大金是盈餘成長股**，值得期待，股利方面，2021年（配發年度）現金股利為1.2元，現金殖利率約5%，之前已經買好存股的投資人似可繼續持有，還沒買的投資人也應持續關注，畢竟公司展望佳，股價及股利可能繼續向上發展，成長型的公司現金殖利率低於5%算是正常。

（3）元大透過併購眾多國內外大小公司，在證券、期貨、選擇權、投信等規模及市占率皆為第一，重要的壽險版圖元大人壽表現也逐漸步上軌道。

（4）據媒體報導，元大金最新的5年計畫出爐，將追求股東權益報酬率維持9%至11%，要比過去5年更好，並持續穩固核心業務的競爭力。元大證朝亞太區域券商邁進，元大投信已具強大競爭優勢，元大期貨則布局全球，提供跨國避險零時差交易，元大銀行將持續增強財富管理領域，全力驅動成長。

## 第十二節
# 兆豐金（2886）的投資價值分析

## 公司簡介

　　兆豐金是以銀行為主體的公股金控公司，以外匯業務及放款業務見長，另有兆豐證券、兆豐票券及兆豐產險等子公司，但欠缺人壽這塊拼圖。2016 年至 2019 年每股盈餘逐年成長，為 1.65 元、1.89 元、2.07 元及 2.13 元，2020 年受新冠肺炎疫情影響獲利縮水，每股盈餘下滑至 1.84 元，惟仍配發 1.58 元現金股利，配發比率達 85.8％。在各國逐漸走出疫情陰影的情況下，2021 年前 10 月盈餘達 213.93 億元，每股盈餘也有 1.57 元。

〔圖表 4-54〕兆豐金（2886）及各子公司獲利情況

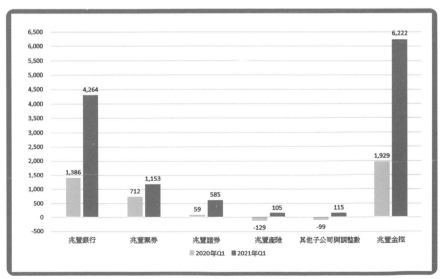

（資料來源：兆豐金控 2021 年法人說明會）

## 穩健現金股利政策

　　兆豐金經營健全又具公家色彩，公司為了提升股東權益報酬率，及避免股本過度膨脹，訂定的股利政策為「維持高額 pay-out（配發）比例」及「現金股利大於 50％」，每年現金殖利率超過 5％以上，自然成為政府基金、壽險公司及存股一族的口袋名單。

〔圖表 4-55〕兆豐金（2886）大股東持股明細

| 法人 | 持股張數 | 持股比例 |
|---|---|---|
| 行政院國家發展基金 | 830,973 | 6.11% |
| 財政部 | 1,143,044 | 8.40% |
| 中華郵政 | 490,779 | 3.61% |
| 臺灣銀行 | 334,951 | 2.46% |
| 富邦人壽保險 | 365,679 | 2.69% |
| 新制勞工退休基金 | 224,674 | 1.65% |
| 寶成工業 | 191,730 | 1.41% |
| 中國人壽保險 | 281,788 | 2.07% |
| 台灣人壽保險 | 283,201 | 2.08% |
| 國泰人壽保險 | 386,778 | 2.84% |

（資料來源：兆豐金控）

〔圖表 4-56〕兆豐金（2886）近年股利配發情形

| 配發年度 | 現金股利（元） | 股票股利（元） | 股利合計（元） |
|---|---|---|---|
| 2021 年 | 1.58 | 0 | 1.58 |
| 2020 年 | 1.70 | 0 | 1.70 |
| 2019 年 | 1.70 | 0 | 1.70 |
| 2018 年 | 1.50 | 0 | 1.50 |
| 2017 年 | 1.42 | 0 | 1.42 |
| 5 年平均 | 1.58 | 0 | 1.58 |

## 核心子公司——兆豐銀行

　　兆豐金是以兆豐銀行為主體，兆豐銀 2020 年底普通股第一類資本適足率達 12.7%，歷年放款餘額約在 1.9 兆元水準，客戶以中小企業（占 37%）及大企業（占 34%）為主，2020 年底放款餘額年增 0.9%，又以中小企業及房貸業務成長最為明顯。

　　國內在央行持續降息下，淨利差非常低，對兆豐銀的國內利息收入影響很大，2020 年底兆豐銀的國內淨利差為 1.14%，而海外的淨利差相較於國內就大得多，達 1.52%。透過過去積極布局，海外分行及國際金融業務分行（OBU）在放款分布地區方面達到近 30%，而兆豐銀美元總放款餘額達新臺幣 4,250 億元，新臺幣及外幣放款分布約為 67：33，在同業中皆具有競爭力。

## 兆豐的金價值投資評價

　　（1）兆豐金是公股行庫中獲利最佳、也是前景看好的金控，近 5 年股東權益報酬率穩定維持在 8% 上下，淨值連年成長已達

〔圖表 4-57〕兆豐銀行 2021 年第 1 季放款分布

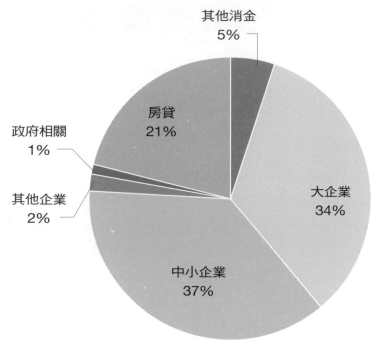

（資料來源：兆豐金控 2021 年法人說明會）

〔圖表 4-58〕兆豐金（2886）近年股價走勢圖

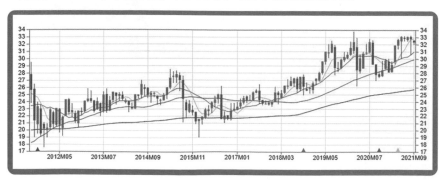

（資料來源：台灣股市資訊網）

24.01 元，現金殖利率則約 5% 上下，大幅優於把錢存在銀行的定存利率，以及購買儲蓄險的收益，若以現金殖利率 5% 為基礎，逢低買進，應屬穩健。

（2）海外淨利差較國內的高，因此兆豐銀以海外布局廣泛、加強放款的同時也維繫良好品質為長期努力方向，特別是在海外疫情逐漸改善後，將可進一步貢獻收益。

（3）兆豐銀不若富邦金、國泰金或中信金等公司有壽險大量保費收入及投資利益，因此受景氣榮枯及利差的影響也會較大，但在公家色彩、存股盛行及股東結構相對穩定的情況下，股價波動反而較小。

# 第十三節
# 台新金（2887）的投資價值分析

## 公司簡介

　　台新金控在持續盈餘轉增資的模式下，股本來到 1,221 億元的規模，2020 年稅後淨利 144.9 億元、年減 1.9％，其中核心子公司台新銀行獲利 121.8 億元、年成長 3.1％、占整體的 84.1％，台新證券獲利 7.7 億元、年成長 20.6％、占整體的 5.3％。

　　台新金近年盈餘穩定，但因為公司的股本每年略為增加，每股盈餘受到稀釋，成長趨勢較不明顯，若投資人做為長期股東，看似股價表現不是很好，但每年經由配股而增加持股，其實獲利相當不錯。

〔圖表 4-59〕台新金（2887）近 5 年盈餘概況

| 年度 | 盈餘（億元） | 每股盈餘（元） |
|---|---|---|
| 2021 年前 10 月 | 185.7 | 1.50 |
| 2020 年 | 144.9 | 1.17 |
| 2019 年 | 144.9 | 1.19 |
| 2018 年 | 129.3 | 1.09 |
| 2017 年 | 130.6 | 1.15 |
| 2016 年 | 113.9 | 1.14 |

〔圖表 4-60〕台新金（2887）近 5 年股利配發情形

| 配發年度 | 現金股利（元） | 股票股利（元） | 股利合計（元） |
|---|---|---|---|
| **2021 年** | 0.56 | 0.45 | 1.01 |
| **2020 年** | 0.57 | 0.23 | 0.80 |
| **2019 年** | 0.51 | 0.21 | 0.72 |
| **2018 年** | 0.54 | 0.44 | 0.98 |
| **2017 年** | 0.53 | 0.43 | 0.96 |
| **5 年平均** | 0.54 | 0.35 | 0.89 |

## 核心子公司——台新銀行

台新銀行 2021 年第 1 季放款餘額為 1.307 兆元、年成長 7.4％，其中規模最大的是企金授信，金額達 5,980 億元、購屋貸款金額 3,210 億元。逾放比 0.13％，表現不俗。

台新銀行另一個可以關注的點為其數位存款帳戶——Richart，以「最能幫年輕人存到錢的銀行」為口號，從操作介面、整合式服務及宣傳模式，吸引年輕族群大量開戶往來，作為未來進一步行銷、發展財管及授信等獲利業務的契機。

## 出售彰銀及併購保德信人壽

彰化銀行歷史悠久，曾經有過輝煌紀錄，例如 1990 年時股本達 45 億元，盈餘 43.7 億元，每股盈餘 9.71 元，幾乎是一年賺一個資本額。但是好景不常，股本不斷膨脹及國內廣設銀行的環境下，彰銀的經營績效每況愈下，2002 年的年度盈餘竟是 -247 億元、每股盈餘 -7.23 元，之後幾年業績也不好。

　　由於業績不好，政府就把它的股權拍賣。2005 年 7 月時台新金以每股 26.12 元、總價 365 億元標下彰銀特別股股權 22.55％（高於底標每股 17.98 元），也成為彰銀最大單一股東，轟動一時。

　　往後幾年，彰銀業績逐漸重新回到正常軌道，近年除了 2020 年受新冠肺炎影響，導致業績較差之外，都能獲利百億以上水準，但台新金在 2014 年彰銀董監改選失利，喪失對彰銀的控制權，對於想要進一步掌控彰銀、擴大業務市占率的台新金來說進退維谷，持有的 22.55％股票雖可採權益法認列收益，但這麼大的部位反而讓其資金運用失去彈性，也讓台新金與政府纏訟多年。

　　在爭議多年後，彰銀事件終於在 2021 年出現轉機，金管會以附帶條件的方式，核准台新金併購保德信人壽，其所持有的 22.55％彰銀股權則於 6 年內處分，以支應併購資金及未來資金需求。這對台新金來說是一個大好消息，除了可以順利出脫彰銀

〔圖表 4-61〕台新金（2887）近年股價走勢圖

（資料來源：台灣股市資訊網）

持股外，併購保德信人壽後，等同於成為擁有銀行、證券、保險三大核心業務引擎的完整金控公司。

## 台新金的價值投資評價

（1）台新金獲利良好，近年每股盈餘都在 1 元以上，核心子公司台新銀行在放款、財富管理及數位金融等方面都占有一席之地，加上股利政策是現金股利為主，搭配部分股票股利，使獲利不會被股票股利稀釋太多。而投資人的持股越來越多，在股價低檔時買進是很有吸引力的，風險不至於太大，上漲的空間則因低位階而顯得樂觀。

（2）在解決彰銀爭議後，未來將有比價效應，原因在於目前與台新金獲利差不多的金控公司，例如華南金（2880）及合庫金（5880），股價皆明顯高於台新金，在金控版圖逐漸完整後，未來股價有機會近一步拉近距離。

（3）截至 2021 年上半年淨值 16.92 元，股價 15.25 元，股價淨值比約小於 1，現金殖利率 3.67％，另有發放股票股利，整體金控及銀行業務仍在成長軌道，下半年股價甚為強勢，似乎是一檔進可攻、退可守的標的。

## 第十四節
# 潤泰全（2915）的投資價值分析

## 公司簡介

　　潤泰全全名為「潤泰全球股份有限公司」，成立於 1976 年，股本為 73.44 億元，以潤泰全、潤泰新、匯弘投資、宜泰投資等掌控集團的股權，形成「潤泰集團」，集團下公司眾多，由於事業龐大，圖表 4-62 所列並未能涵蓋集團之全貌，僅供參考。

　　1997 年開設大潤發量販店，目前在臺灣有 20 餘間門市，但公司已宣布將「潤泰全」及「潤泰新」對大潤發的持股全數賣給「全聯」，預計 2022 年完成交易，處分利益約 23.25 億元，「潤泰全」可得其中一半。2011 年透過持有潤成公司，間接掌控南山人壽。

## 公司主要獲利引擎

### 壽險事業

　　潤泰全的主要獲利來源是認列南山人壽的盈餘，而南山人壽獲利甚佳。它可認列南山人壽盈餘的 26.56％，原因是加總下列三方面持股：

- 潤成投資持有南山股權 89.55％，潤泰全又持有潤成投資 23％，即潤泰全可認列南山人壽盈餘的 20.6％。
- 潤泰全直接持有南山人壽股份 0.21％。

- 潤泰全持有潤泰新股份 25.7％，而潤泰新持有潤成投資 25％股份，即潤泰全可經由潤泰新認列 5.75％（89.55％ ×25％ ×25.7％＝ 5.75％）。

以 2021 年上半年為例，潤泰全大賺 102 億元，每股盈餘 19.16 元，其實本業小虧（營業利益 -0.56 億元），但在認列南山人壽盈餘後變成大賺。南山人壽 2018 年、2019 年、2020 年的盈餘分別為 265 億元、338 億元、376 億元，2021 年上半年盈餘為 401.87 億元，潤泰全可認列 106.74 億元左右。

## 營建事業
### 〔圖表 4-62〕潤泰集團控股情形（控股公司及受控公司）

| 受控公司／控股公司 | 潤成投資（南山人壽） | 南山人壽（直接投資） | 潤泰全 | 潤泰新 | 中裕 | 浩鼎 | 日友環保 |
|---|---|---|---|---|---|---|---|
| 潤泰全 | 23% | 0.21% | — | 25.7% | 4.07% | 4.47% | 2.07% |
| 潤泰新 | 25% | 0.23% | 11.63% | — | 4.11% | 0 | 26.62% |
| 匯弘投資 | — | — | 6.05 | 6.37% | 7.18% | 8.26% | 0 |
| 宜泰投資 | — | — | — | 4.34% | 0.64% | 13.69% | 1.44% |
| 長春投資 | — | — | 6.21% | 4.01% | 0 | 1.25% | 0 |
| 任盈實業 | — | — | — | — | 0 | — | 3.48% |
| 合計 | 48% | 0.46% | 23.89% | 40.42% | 16% | 27.67% | 33.61% |

註：潤成投資是持有南山人壽89.55%的大股東。潤泰新、潤泰全是潤成投資的大股東。另外也有少量南山人壽股份由潤泰新、潤泰全直接持股，未透過潤成公司。

〔圖 **4-63**〕潤泰全土地資產

| 標的 | 面積（坪） | 帳列成本（億元） | 預估市價（億元） | 預估利益（億元） |
|---|---|---|---|---|
| 觀音廠土地 | 4,634 | 1.13 | 4.63 | 3.50 |
| 中壢一廠土地 | 5,506 | 0.30 | 11.01 | 10.71 |
| 新豐土地 | 5,699 | 1.90 | 19.95 | 18.05 |
| 臺中土地 | 8,484 | 16.97 | 21.21 | 4.24 |
| 大園土地 | 1,419 | 0.37 | 2.84 | 2.47 |
| 總計 | 25,742 | 20.67 | 59.64 | 38.97 |

（資料來源：潤泰全法說會簡報）

潤泰全跨足營建領域，因為它擁有營建業務的潤泰新 25.7％股份、潤弘（2597，精密工程）9.35％股份、潤泰材（8463，精密材料）4.76％股份，其中潤弘精密的獲利尤其亮眼。

## 不動產開發

潤泰全的前身為「潤泰紡織公司」，原來廠址就是珍貴的土地資產，加上集團本身就是營建業，將來把這些土地加工後出售，利益將會更大。

## 環保及生技事業

潤泰全投資日友（8341），集團持有股份 33.61％，具有長遠性，是股本小、高獲利的公司。潤泰集團持股中裕（4147）16％股份、浩鼎（4174）27.67％股份，雖然這兩家生技公司仍在虧損中，但都不排除有潛在大幅獲利的可能。

# 潤泰全的價值投資評價

（1）潤泰全的盈餘相當穩定，雖然近年的現金股利並不平均，但還算穩健。

（2）擁有南山人壽這個強大的獲利引擎，長期樂觀可考慮持有。

（3）至於股價上漲潛力，就要看它的各項事業版圖（壽險事業、營建事業、土地資產、環保事業、生技事業等），如果這些事業可以充分發揮，前景就會比較樂觀。2021 年配發現金股利 2 元及股票股利 3 元，股本將膨脹 30％，股價也因為除權息而拉低。除權息後是否可順利填權是觀察重點，拙見認為既然公司獲利甚佳，就有機會填權。

（4）因為壽險公司擁有很多的金融資產（股票及債券），若是股市出現較大跌幅，將會出現巨額的「評價損失」；另外，政府推行 IFRS 17，也許未來會要求壽險公司提列更多責任準備，這將導致該年度出現虧損。這兩種情形都會導致壽險公司盈餘欠佳，也會影響大股東潤泰全的盈餘。拙見認為，雖然這兩種情形都可能發生，但就長期而言，影響不至於太大。

## 第十五節
# 群益期（6024）的投資價值分析

## 公司簡介

　　期貨商品具有交易、避險及價格發現之功能，在期貨商品種類增多、每日交易時間超長、全球股市熱絡、夜盤更能迅速對歐美股匯市變化做出反應等因素下，整個市場規模及參與者持續提升，例如 2020 年交易總量 3.414 億口，較上年度成長 30.96％，2021 年前 8 月將近 2.8 億口，全年挑戰 4 億口。

　　期貨為特許金融事業，國內專營期貨經紀業務及兼營期貨經紀業務各 14 家，市場呈現大者恆大的情況。群益期創立於 1997年，股本 21.04 億元，在國內期貨及選擇權商品市占率方面，近3 年維持第 3 名，海外期貨市占率 20.8％，為第 2 名。

## 獲利引擎及收益狀況

　　群益期的收益隨著者國內期權市場蓬勃發展、深耕布局國外市場及轉投資香港子公司獲利成長，2020 年營收 24.26 億元、年成長 26.6％，盈餘 6.22 億元、年成長 3.67%，相較於證券類股受惠台股交易量頻創歷史新高，並沒有特別耀眼。另一個影響獲利的原因，在於利息收入大幅衰退。

　　對期貨業者來說，客戶的存入保證金孳息是一項極為重要的收入來源，這筆保證金數額龐大，孳息相當可觀，風險又低。群益期在資產負債表上的客戶保證金專戶金額年年增加，2018 年、

〔圖表 4-64〕群益期（6024）主要獲利引擎

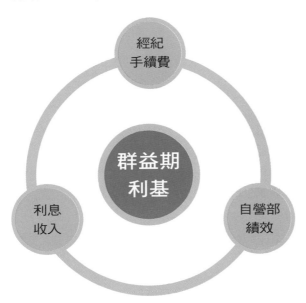

2019 年及 2020 年底分別為 349.0 億元、354.9 億元及 391.7 億元，但在國內外央行降息及維持低利的金融環境下，2020 年利息收入僅為 3.59 億元，較上年度大幅減少了 1.71 億元、年衰退 32.3％，再加上現金增資後股本膨脹，致每股盈餘下滑至 3.07 元。

　　群益期的獲利引擎主要是三方面：經紀手續費、利息收入（客戶的存入保金孳息），及自營部門的績效。

## 市占穩、股利豐

　　群益期在國內期權市場地位穩固，海外期貨則居領先地位，加上公司對業務擴展相當具有企圖心，及願意投入大量資源在人才培育、IT 系統建置及數位轉型等符合公司長久經營、以及未來

〔圖表 4-65〕群益期（6024）近年股價走勢圖

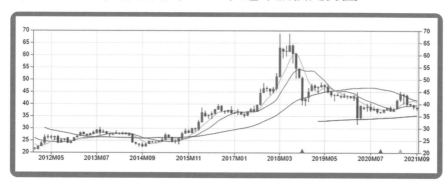

（資料來源：台灣股市資訊網）

趨勢的項目上，是間具有穩定獲利能力及願意回饋現金股利給投資人的公司，是一檔重要的定存股，可以長期持有。

群益期近 5 年分派股利情況可見圖表 4-66，可看出公司現金股利豐厚，近 5 年現金股利合計 13.25 元，平均股利每年是 2.65 元，在低利率的時代，擁有一張群益期的股票，平均每年可得到股息 2,650 元，在股價低檔時買進，是划算的。

〔圖表 4-66〕群益期（6024）近 5 年股利配發情形

| 配發年度 | 現金股利（元） | 股票股利（元） | 股利合計（元） |
|---|---|---|---|
| **2021 年** | 2.87 | 0 | 2.87 |
| **2020 年** | 1.90 | 0 | 1.90 |
| **2019 年** | 3.40 | 0 | 3.40 |
| **2018 年** | 2.87 | 1 | 3.87 |
| **2017 年** | 2.21 | 0 | 2.21 |
| **5 年平均** | 2.65 | 0.20 | 2.85 |

## 群益期價值投資評價

（1）群益期過去幾年的股利不差，可作為存股標的之一，但股本從 2014 年的 12 億元，成長至 2020 年的 21 億元，大幅擴張，稀釋了每股盈餘，所以，**請不要用它過去 5 年的股利來推估合理的價位**。該公司 2020 年每股盈餘為 3.07 元，若以配息率 7 成、股利的 20 倍估計，大約是 43 元。這數值僅供參考，而且股價會受到今年的營運績效影響。

（2）群益期的收益要能持續成長，就要看三個獲利引擎是否能夠充分發揮：

- 經紀手續費：世界復甦、期貨交易熱絡且品項繁多，加上國際商品如鋼鐵、銅、木材、棉花等都大漲，國內投資人也越來越喜愛原物料相關的期貨商品，這樣的趨勢及偏好預計仍會持續下去。

- 利息收入（客戶的存入保證金孳息）：目前全球物價上漲，美國可能升息因應，臺灣也有升息機會，所以對利息收入未來的成長是樂觀的，或至少利率也很難繼續走低。

- 自營部門的績效：台股、世界股市、商品原物料的波動都很大，對期貨避險及投機的需求都會成長，整體環境有利於期貨業，自營部門在自行交易及造市方面應持續精進並網羅專業人才，未來盈餘成長才會更樂觀。

（3）截至 2021 年 6 月，母公司群益金鼎證券持股 56.63％，近年持股 1,000 張以上約占全體股份 62％、100 張以上約 72％，股權算是穩定，有興趣的投資人可以建立基本持股，每年獲取穩定收益。

## 第十六節
# 力成（6239）的投資價值分析

## 公司簡介

　　力成公司屬於半導體業，成立於 1997 年，至今已 24 年，股本 77.91 億元，總公司位在新竹縣湖口鄉新竹工業區，廠房則分布在新竹湖口、新竹新埔、中國蘇州、西安、新加坡及日本，全球各廠員工人數合計約 18,000 人，規模甚大。

　　根據經濟部技術處在《2018 年半導體產業年鑑》中所呈現的半導體事業關係圖，力成、日月光投控（3711）、京元電子（2449）等 IC 封裝及 IC 測試業，位處重要的供應鏈核心，未來展望樂觀。力成在積體電路的封裝測試服務廠商中，居於全球領導地位，服務範圍涵蓋晶圓凸塊、針測、IC 封裝、測試、預燒至成品，以及固態硬碟封裝的全球出貨。

　　技術研發方面，該公司持續專注於封裝技術製程的開發、DRAM 及 NAND Flash 記憶體的研發，也將成立射頻驗證實驗室（RF Lab），以成為 5G、物聯網（IoT）、高效能運算、人工智慧及虛擬實境等相關產品封測服務的主要提供者。

## 股利概況

　　力成（6239）的 5 年現金股利平均為 4.56 元，是穩定配息的公司，而且有越來越好的跡象。

〔圖表 4-67〕力成（6239）近 5 年股利表現

| 發放年度 | 現金股利（元） | 股票股利（元） | 股利合計（元） |
|---|---|---|---|
| 2021 年 | 5.0 | 0 | 5.0 |
| 2020 年 | 4.5 | 0 | 4.5 |
| 2019 年 | 4.8 | 0 | 4.8 |
| 2018 年 | 4.5 | 0 | 4.5 |
| 2017 年 | 4.0 | 0 | 4.0 |
| 5 年平均 | 4.56 | 0 | 4.56 |

〔圖表 4-68〕力成（6239）近 5 年現金股利

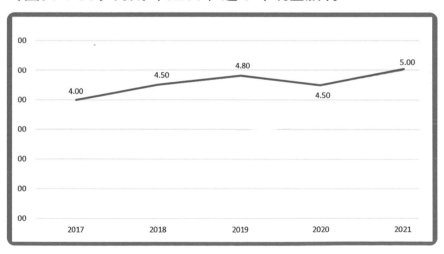

# 力成的價值投資評價

（1）所處產業具未來性：臺灣具全球半導體產業重要地位，相關供應鏈完整，產業蓬勃發展，未來展望頗佳。

（2）現金殖利率不低：以過去 5 年平均現金股利 4.56 元，對應 2021 年 9 月股價約 106 元，殖利率約 4.3％，雖然低於 5％，

〔圖表 4-69〕力成（6239）近年股價走勢圖

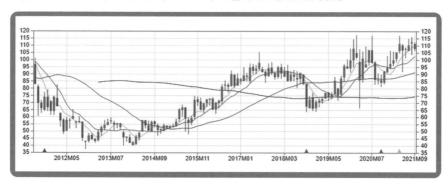

〔圖表 4-70〕力成（6239）近 5 年盈餘概況

| 年度 | 稅後淨利（億元） | 每股盈餘（元） | 每股盈餘年增率（％） |
|------|------|------|------|
| 2020 年 | 66.6 | 8.6 | 14.36 |
| 2019 年 | 58.4 | 7.52 | -6.23 |
| 2018 年 | 62.3 | 8.02 | 6.79 |
| 2017 年 | 58.5 | 7.51 | 21.13 |
| 2016 年 | 48.3 | 6.2 | 19.23 |

（資料來源：台灣股市資訊網）

但投資人亦可考慮其未來性，並於股價波動時逢低加碼。

（3）力成的競爭力強，近 5 年股東權益報酬率表現相當不錯，2016 年 13.93 ％、2017 年 15.51 ％、2018 年 14.62 ％、2019 年 12.74 ％、2020 年 14.44 ％；毛利率介於 19.33 ％至 21.63 ％，兩者都較同業為高。且按季觀察，力成每季的每股盈餘介於 1.42 元至 2.68 元之間，顯示獲利能力強勁。

（4）轉投資的超豐（2441，電子公司），持股占比 43％。超豐電子成立於 1983 年 3 月 7 日，股本 56.88 億元，其業務為 IC 封裝 84.69％、UC 測試 15.31％。2016 年至 2020 年的每股盈餘分別為 3.94 元、4.41 元、4.18 元、3.33 元、4.68 元，業績良好，每年貢獻盈餘甚佳，是金雞母。其他轉投資包括晶兆成科技公司（未上市）及日本、新加坡、中國等地的科技公司，績效則尚在努力中。

**〔圖表 4-71〕力成（6239）轉投資公司持股**

| 轉投資公司 | 持股占比（％） |
|---|---|
| 超豐電子 | 43 |
| 晶兆成科技 | 49 |
| 力成科技日本合同會社 | 100 |
| Japan Tera Probe Inc. | 12 |
| Powertech Holding (BVI) Inc. | 100 |
| Powertech Technology (Singapore) Pte. Ltd. | 100 |

# 第十七節
# 崑鼎（6803）的投資價值分析

## 公司簡介

人們日常生活及經濟發展過程中，會產生許多廢棄物，除了掩埋之外，送到焚化廠高溫焚燒是常見方式，透過資源再利用、再生的循環經濟方式，為環境盡一份心力，而崑鼎（6803）就是臺灣主要的廢棄物處理公司，業務主要分為三個領域：廢棄物管理與焚化、太陽光電、回收再利用及其他業務，分別占崑鼎營收的 37％、33％、30％，各有其專業性及發展潛力，經營上採控股公司型態，由各子公司負責管理。

崑鼎的母公司中鼎（9933）為歷史悠久的工程專業公司，持有崑鼎 55.67％的股權，崑鼎主要股東另有富邦人壽與富邦創投

〔圖表 4-72〕崑鼎（6803）近年獲利概況

| 年度 | 營收（億元） | 稅後淨利（億元） | 毛利率（％） | 每股盈餘（元） |
|---|---|---|---|---|
| 2021 年前 3 季 | 44.2 | 7.24 | 25.4 | 10.47 |
| 2020 年 | 56.4 | 8.42 | 24.7 | 12.53 |
| 2019 年 | 53.2 | 8.11 | 25.3 | 12.09 |
| 2018 年 | 48.5 | 8.07 | 27 | 12.04 |
| 2017 年 | 44.8 | 7.61 | 28.1 | 11.41 |
| 2016 年 | 49.6 | 8.48 | 36.3 | 12.8 |

（各持有 6.61％及 0.68％）、台灣人壽（持有 0.49％），以及永豐銀行與永豐證券（合計約 0.71％）等。

## 廢棄物管理及焚化領域

　　崑鼎的主要收入來源為廢棄物管理及焚化，由子公司信鼎、裕鼎及倫鼎等負責，包括承包焚化廠操作營運、維護保養、檢修、整改及監管等。由於焚化廠對附近居民來說屬於嫌惡設施，在環保意識逐漸抬頭的現代，要找到交通便利、能順利通過環評及陳抗的地點新設，實屬不易，因此各地方政府多以現有焚化廠維修及延役為其積極因應之道，崑鼎近來已陸續取得彰化溪州焚化廠整改案、桃園機場操作維護及整改案、高雄焚化廠維護案及南投草屯垃圾清除處理案等，確保營收核心。

　　展望將來，政府未來 5 年陸續有 12 座焚化廠合約到期要辦理招標，營運模式 BOT（Build-Operate-Transfer，民間興建營運後轉移）及 ROT（Rehabilitate-Operate-Transfer，民間重建營運後轉移）皆有之，崑鼎在此領域具多年專業經驗，在新技術引進及中鼎集團綜效發揮下，將持續積極爭取相關案源。

## 太陽光電領域

　　目前太陽光電領域已占崑鼎營收的三分之一，是第二大營收來源，主要由子公司昱鼎負責，2020 年獲利約 7,400 萬元，已併聯運轉 14 個專案，例如高鐵桃園車站、高捷北機廠滯洪池、臺南後壁掩埋場及各地港務公司等。

　　「再生能源」為世界共同趨勢，其中以太陽能及風力發電為

發展主流，在國內科技產業及民生用電節節攀升、以及核能電廠將會陸續除役的情況下，政府預計 2025 年前達到 20GW（百萬瓩）的太陽能發電目標，是崑鼎可以把握的發展方向。

## 回收再利用及其他

廢異丙醇（WIPA）為半導體及面板產業於製造過程中產生的物質，成分結構複雜，其蒸氣及液體通常具易燃、易爆特性，屬有害事業廢棄物。崑鼎子公司耀鼎具備收受低濃度廢異丙醇後，將其提煉純化為工業級產品之能力，並於 2021 年 3 月取得科技部通案再利用許可，未來可望進一步增加收受量，貢獻收益。

在水資源處理方面，崑鼎取得新北市林口水資源回收中心操作維護案、高雄中區汙水處理廠設備整改案、屏東農科園區水資源設備整改案等標案，而政府規畫新建的 11 座再生水處理廠，是崑鼎偕同中鼎集團攜手合作的目標，以利爭取日後的操作維運工作。

〔圖表 4-73〕崑鼎（6803）近年股價走勢圖

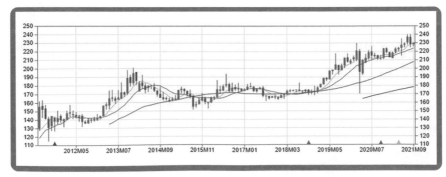

（資料來源：台灣股市資訊網）

〔圖表 4-74〕崑鼎（6803）近年股利配發情形

| 配發年度 | 現金股利（元） | 股票股利（元） | 股利合計（元） |
|---|---|---|---|
| **2021** 年 | 10.95 | 0 | 10.95 |
| **2020** 年 | 10.83 | 0 | 10.83 |
| **2019** 年 | 10.82 | 0 | 10.82 |
| **2018** 年 | 9.65 | 0 | 9.65 |
| **2017** 年 | 11.34 | 0 | 11.34 |
| **5 年平均** | 10.72 | 0 | 10.72 |

## 崑鼎的價值投資評價

（1）崑鼎經營的業務有其特殊性，特別是廢棄物管理與焚化方面處於市場領先地位，「護城河」十足，從其近 5 年股東權益報酬率都維持在 18％以上，即可明瞭，且未現金增資或發放股票股利，股本僅 6.91 億元，每股盈餘穩定維持在 12 元左右。

（2）崑鼎配息大方，每年配發盈餘的 88％左右，而近年股價穩步上漲，現金殖利率稍微下滑，不過仍有 5％左右，如果仍不滿意，可以待股價受大環境因素影響回檔時，再伺機布局。

（3）未來可持續關注崑鼎在太陽能領域的發展，以及海外市場與各機電設備維運業務的布局情況。

## 第十八節
# 鉅邁（8435）的投資價值分析

## 公司簡介

　　鉅邁是工業水化學處理專業廠商，主要經營範圍為工業水處理藥劑之生產、銷售、售後服務、研發及技術諮詢。成立於1977年，全名為台灣鉅邁股份有限公司，擁有悠久歷史。資本額3.17億元，是一家經營績效甚佳的小型績優股。

　　鉅邁提供完整的水處理方案、技術和服務，所服務的客戶行業主要有石化、鋼鐵、電力、紡織、塑膠、電子，以及一般辦公大樓、公共設施等，客戶黏著度高。產品效益主要是防止設備（管線）腐蝕、結垢、微生物成長、沉積問題，提升運轉效率，減少設備異常停車，達成節水、節能、減少電費支出及減少排汙。隨著工業化的發展，廠房越來越多，工業用水的水處理需求也會更多，因此水處理產業的未來趨勢值得期待。

## 股利及股價表現

　　近5年現金股利合計16.35元，平均每年3.27元，從過去的穩定配息紀錄，以及公司的平穩業務特性，可樂觀期望穩定的收益，只要時間到了，現金股利就會進帳，類似銀行定存，只是收益更多。

　　但鉅邁屬於冷門股，日成交量大多在100張以下，股價大約

〔圖表 4-75〕鉅邁（8435）營收比重

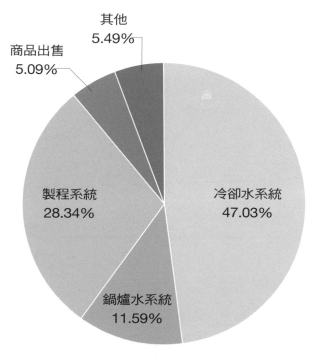

其他
5.49%

商品出售
5.09%

製程系統
28.34%

冷卻水系統
47.03%

鍋爐水系統
11.59%

（資料來源：鉅邁 2021 年年報）

〔圖表 4-76〕鉅邁（8435）近 5 年股利表現

| 發放年度 | 現金股利（元） | 股票股利（元） | 股利合計（元） |
|---|---|---|---|
| 2021 年 | 3.5 | 0 | 3.5 |
| 2020 年 | 3.35 | 0 | 3.35 |
| 2019 年 | 3.2 | 0 | 3.2 |
| 2018 年 | 3.3 | 0 | 3.3 |
| 2017 年 | 3.0 | 0 | 3.0 |
| 5 年平均 | 3.27 | 0 | 3.27 |

〔圖表 4-77〕鉅邁（8435）近 5 年現金股利

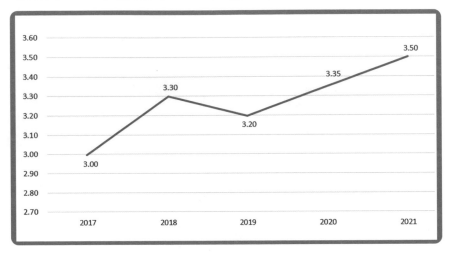

50 元，波動不大（近幾個月上漲至 60 元上下），遇到股市波動
的時候，偶爾也會出現較低價格，除權前則出現較高的價格。在
**5 年平均現金股利 3.27 元情況下，估算合理價及便宜價，分別為
65.4 元、52.3 元**。但也要了解這是理論參考值，投資還是要慎重。

## 經營績效

歷年毛利率幾乎都能維持在 50％以上，非常難得，可以獲
得高毛利的原因，是它在銷售化學藥劑的背後，其實是水處理的
技術服務，就像中醫一樣，先對水的問題望、聞、問、切，找出
問題，才對症下藥，小小一包藥劑，就可防蝕、防垢、防微生物
孳生，大幅降低客戶的維護成本，提升設備使用年限與效率。

在 2002 年 8 月前往中國江蘇設立子公司，至今 20 年已有
10 個據點，營收占比提升至 29％，已能創造盈餘。越南子公司

設立不久，營業收入 0.05 億元，營收占比僅 1％，但近年越南工業蓬勃發展，又有台塑這個長期顧客轉投資的河靜鋼廠作為客戶，似可期待。越南河靜鋼廠一、二期都已點火生產，鉅邁是其再生水藥劑的供應商。

股東權益報酬率方面，歷年維持在 13％至 15％之間，表現不錯；每股盈餘方面，5 年平均高達 3.37 元，相當亮麗。

〔**圖表 4-78**〕鉅邁公司最近 5 年每股盈餘表

| 年度 | 每股盈餘（元） |
|---|---|
| **2020 年** | 3.54 |
| **2019 年** | 3.50 |
| **2018 年** | 3.34 |
| **2017 年** | 3.49 |
| **2016 年** | 2.98 |
| **5 年平均** | 3.37 |

## 鉅邁的價值投資評價

（1）鉅邁公司業績穩健，股利豐厚，股價波動不大，適合穩健型和保守型的投資人，用以代替原來的銀行定存。萬一在買進後下跌，就記住它的價值所在，分批慢慢往下買，當價格回升後，績效可期待。

（2）合理價約在 65 元，便宜價約在 52.3 元，若是逢低買進，可有不錯的報酬。但這只是理論數值，實際投資仍請多加評估、謹慎判斷。

（3）不須太在意股價是否有潛在的利多，建議以存股、賺

收益為原則，但它是股本僅 3.17 億元的小型績優股，籌碼少，若是有一天有較大的利多，加上主力介入的話，股價也可能出現意想不到的情況。

（4）鉅邁公司並沒有大量的股票、債券等金融資產，財報不會受到金融資產評價的影響。

（5）成長性方面，由於水處理有客戶持續、不容易改變服務廠商的特性，所以鉅邁的業務穩定、成長不多，在中國、越南設立子公司是它的成長策略。

# 第十九節
# 台汽電（8926）的投資價值分析

## 公司簡介

　　台汽電全名為台灣汽電共生股份有限公司，成立於 1992 年，資本額 58.9 億元，近年以新產品、新領域擴張版圖，營業收入和盈餘都有明顯成長。不過公司每季公布的季報，常出現營業收入及盈餘的增減幅度不同步的情形，分別細究營業收入及盈餘的內容，就可知道原因。

## 營收及盈餘概況

　　在營業收入方面，包含官田電廠和 100％持股的子公司苗栗風力股份有限公司的售電收入、星能股份有限公司的工程收入，但不包括森霸電廠、國光電廠、星能電廠、星元電廠、大園汽電等轉投資公司。其中星能股份公司的工程收入包括統包工程、一般工程、維護工程，這些工程收入會依合約施工驗收後收款，通常是不會均勻的分配在各個月份。

　　在盈餘方面，除了上述產生營業收入的部門及 100％持股的子公司以外，還包括森霸電廠、國光電廠、星能電廠、星元電廠、大園汽電等關聯企業所帶來的業外損益。這些業外損益對公司的盈餘影響重大，是公司盈餘的關鍵，也就是說，台汽電的盈餘大部分來自關聯企業的貢獻，而不是本身的營業收入。例如 2017 年全公司盈餘 9.72 億元，四大電廠及大園汽電的貢獻

是 8.88 億元，貢獻度高達 91.36％，本身的盈餘僅 0.84 億元。但 2018 年後台汽電承攬的工程業務增加，創造盈餘的能力增強，「關聯企業」的貢獻度明顯降低，例如 2019 年業外損益即已降

〔圖表 4-79〕台汽電（8926）業外損益占比變化

| 年度 | 業外損益（億元） | 淨利（億元） | 業外損益占比（％） |
|---|---|---|---|
| 2020 年 | 6.52 | 10.7 | 60.93 |
| 2019 年 | 8.00 | 11.03 | 72.73 |
| 2011 年 | 12.4 | 10.4 | 119.23 |

〔圖表 4-80〕台汽電（8926）獲利引擎

〔圖表 4-81〕台汽電（8926）近 5 年股利表現

| 發放年度 | 現金股利（元） | 股票股利（元） | 股利合計（元） |
|---|---|---|---|
| 2021 年 | 1.90 | 0 | 1.90 |
| 2020 年 | 1.70 | 0 | 1.70 |
| 2019 年 | 1.50 | 0 | 1.50 |
| 2018 年 | 1.30 | 0 | 1.30 |
| 2017 年 | 1.20 | 0 | 1.20 |
| 5 年平均 | 1.52 | 0 | 1.52 |

（資料來源：台灣股市資訊網）

為 72.73％；2020 年 5 月以後加入持股 100％的子公司苗栗風力公司的售電收入，成長與擴張就更明顯。

## 台汽電的價值投資評價

（1）持股 100％的星能公司近年承攬離岸風電及陸上變電站統包工程，規模高達數十億元，另外也擁有建造維護風機的統包能力，承攬台電、台泥等風機工程，帶來營收和盈餘的增加。

（2）併購苗栗風力公司，該公司在 2021 年上半年以權益法認列盈餘即高達 3,901 萬元。

（3）增設太陽能電廠，目前已開發 41MW，預計 2025 年達成 500MW 的目標。

（4）轉投資公司持續擴張，包括：持股 29％的大園汽電將於大園工業區打造區域性大型能源循環中心，發揮廢棄物處理與供應電力蒸汽的綜合效益，運作良好，每年可以貢獻盈餘 4,000

萬元左右。持股 43％的森霸電力公司，於 2021 年標得台電辦理的 100 萬瓩招標案，待 2024 年完成商轉後，裝置容量將由目前的 98 萬瓩增加至 198 萬瓩，增長大約一倍。

（5）台汽電不斷在工程和發電領域擴大規模，創造營收及盈餘，而近年配發股利趨勢穩健上升，現金殖利率約 5％，是長期存股的不錯標的，若有機會可考慮逢低買進。

# 第二十節
# 新保（9925）的投資價值分析

## 公司簡介

成立於 1980 年，至今已有 41 年歷史，股本 38.75 億元，與中興保全是唯二的保全事業上市公司。經由設立多家子公司的分工，將業務做得很廣，例如台灣保全公司的運鈔車業務、誼光保全公司的大樓守衛業務，及誼光大樓公寓管理維護公司等多方位服務。

根據 2020 年年報，另也積極與各產業結盟，提供跨界、跨業發展智慧生活服務，例如：智慧安防、健康照護與促進、智慧建築與綠建築、智慧居家、雲端商管、停車場管理（叭叭房）、個人倉儲（迷你倉）、機器人應用等，並成立新保生活關懷、新保運通等事業群，進行專業發展與經營。

特別是在健康照護與促進方面，由於臺灣已正式進入高齡化社會，產生高齡照護需求，故成立新保生活關懷，運用保全本業基礎，提供雲端居家照護服務，連結到新光醫院照護中心及新光保全管制中心。

## 股利表現

過去 5 年每年股利都是 2 元，除了去年含有 0.1 元的股票股利以外，都是現金股利，穩定的配息紀錄加上公司保全業務的特質，可以樂觀認為這樣的收益是可預期的，可以像銀行存款一

樣，時間到了就有收入。

近年股價穩定在 37 元至 40 元區間，以 2021 年 8 月 19 日除息日收盤價 37.5 元為例，每年配息 2 元的報酬率為 5.33％（2 元÷37.5 元＝ 5.33％），與銀行一年定存利率約 0.75％相較，**相當於銀行定存 7.1 倍的收益，投資報酬比銀行好很多。**

〔**圖表 4-82**〕**新保（9925）近 5 年股利表現**

| 發放年度 | 現金股利（元） | 股票股利（元） | 股利合計（元） |
|---|---|---|---|
| **2021 年** | 2.0 | 0 | 2.0 |
| **2020 年** | 1.9 | 0.1 | 2.0 |
| **2019 年** | 2.0 | 0 | 2.0 |
| **2018 年** | 2.0 | 0 | 2.0 |
| **2017 年** | 2.0 | 0 | 2.0 |
| **5 年平均** | 1.98 | 0.02 | 2.0 |

（資料來源：台灣股市資訊網）

## 營運現況

保全業的特性是客戶大多會持續購買服務，更換公司的機會較少，而且不管景氣與否都會維持購買，這就形成穩定的客戶群，帶來穩定的營收及股利。但成長性方面則略有不足，原因是防盜電子器材日趨普遍，許多商家或住家委託電子器材行裝設，而未成為保全公司客戶。

公司同時努力開發新種業務，包括用無人機偵測太陽能電廠之太陽能板是否損壞；發展「Shinbobo 新保寶機器人」強化遠距居家照護；推廣居家照護系統「Care U 照護系統」；適合廠房、社區、辦公大樓保全的巡邏機器人及智能影像辨識系統等。另外

也積極轉投資事業，2021 年年報列出有誼光保全、新保投資、台灣保全等 25 家轉投資事業，都是公司重要收益來源。

此外，多年來一直計畫將保全專門技術複製到國外，目前已經有上海、崑山、廈門、漳州、泰國 5 個據點，但從近年的營業收入及盈餘來看，仍未感受出績效，但中國及東南亞地大、人多，如果能夠順利拓展，應可創造豐厚的營收，目前只能拭目以待。

〔圖表 4-83〕新保（9925）近 5 年營業收入概況

| 年度 | 營業收入（億元） | 年增率（％） |
|---|---|---|
| 2021 年前 3 季 | 56.1 | 4.07 |
| 2020 年 | 72.0 | 1.64 |
| 2019 年 | 70.8 | 0.49 |
| 2018 年 | 70.4 | -0.81 |
| 2017 年 | 71.0 | -1.58 |
| 2016 年 | 72.2 | 2.4 |

（資料來源：台灣股市資訊網）

## 價值穩定，低價時可考慮加碼

股價長年波動不大，很多人可能會覺得它是牛皮股，不會上漲太無趣，但在低利率環境下，多了解公司本質後就會認同是好的投資標的。

2020 年 3 月股災時曾出現便宜價的機會，正是買進的好時機，不認識公司特質的人，看見股價下跌會嚇得趕緊賣出，或以為要停損，但其實它的價值明確，可以把握機會逢低加碼，不用太過擔心。

〔圖表 4-84〕新保（9925）近年股價走勢圖

（資料來源：臺灣股市資訊網）

## 新保的價值投資評價

（1）保全公司是內需產業，具有不受匯率、利率、景氣等因素影響的特性，業績平穩、股利穩定，但股價少有波動，比較適合穩健型及保守型的投資人，用以代替原來的銀行定存。萬一在買進後下跌，就記住它的價值所在，分批慢慢往下買，價格回升後，績效會更好。

（2）盈餘及股利表現都不錯，股價平時相當沉穩，但因轉投資事業中有新光金（2888）、新紡（1419）、大台北（9908）三檔上市股票，也會受金融資產評價影響，例如發生股災當季，績效（盈餘）可能受到短期影響。

（3）合理價約 40 元，也就是報酬率 5％的概念，便宜價大約是 32 元，也就是報酬率 6.25％的概念，但在低利率環境下，如果投資人認為 4％報酬率也已經可以接受，合理價及便宜價的價位可能再提高。

## 第二十一節
# 中聯資源（9930）的投資價值分析

## 公司簡介

中聯資源公司股本 24.85 億元，成立於 1991 年 5 月 25 日，工廠位於高雄、苗栗、彰化、臺中、越南。公司類型與水泥業、預拌混擬土業、砂石業相近，但同中有異，差別甚大，主要是它的產品具有高強度、耐久、預防鋼筋腐蝕、抵抗酸鹼、海水侵蝕等功能，適用於一般營建、海灣海事、地下結構物、土木水利、道路橋梁等需要高強度的工程。

依據 2021 年年報資料，主要業務為中鋼、中龍公司煉鋼製程副產品之銷售及推廣，其中在轉爐石業務方面，以轉爐石粒料作為瀝青混凝土材料之技術日趨成熟，高雄市政府等公務機關並將轉爐石納入瀝青混凝土相關施工規範。另外自 2017 年起配合行政院公共工程委員會循環經濟政策，積極進行公共工程道路試鋪與推廣工作；2019 年開發轉爐石細料用於水泥原料，取代水泥生產所需之部分鐵渣與天然石灰石，藉以降低天然資源開採並兼具環保功效。

## 國內市場展望

依據總體經濟指標、建造執照核發、公共工程建設預算、臺商回流投資升高等市場因素，預期 2021 年國內爐石粉市場需求將可穩定成長，再加上國際水淬爐石近年因使用越趨成熟，價格

水漲船高,也將有益於國內爐石粉行情維持。

　　同時也積極爭取依循政府產業政策,包括國內能源產業、半導體產業、交通建設的持續推動,以及臺商回流所衍生的商機,將對營收有正面的影響。

〔圖表 **4-85**〕中聯資源(**9930**)營收比重

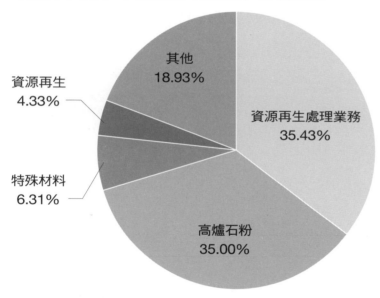

## 重大投資活動

　　2020 年 10 月以 11 億元取得茂聯實業 100％股權,由於中聯資源長期向茂聯租用位於高雄大寮一處占地 3,000 多坪的廠房,作為生產和倉儲之用,而茂聯實業剛好有意出售,基於「租不如買」的考量,買下茂聯。

　　另外進軍越南新市場,成立越南子公司,本案產能為每年100 萬噸,主要料源來自台塑河靜鋼廠,購地及建廠總共約新臺幣 10 億元,已於 2021 年第 2 季完工。

〔圖表 4-86〕中聯資源（9930）轉投資情形

| 公司名稱 | 持股比例（％） |
|---|---|
| 中聯資源越南責任有限公司 | 85 |
| 寶固實業（股）有限公司 | 51 |
| 聯鋼開發（股）有限公司 | 93.37 |
| 友成石灰工廠（股）有限公司 | 90 |
| 茂聯實業（股）有限公司 | 100 |

〔圖表 4-87〕中聯資源（9930）近 5 年股利配發情形

| 配發年度 | 現金股利（元） | 股票股利（元） | 股利合計（元） |
|---|---|---|---|
| 2021 年 | 2.0 | 0 | 2.0 |
| 2020 年 | 2.0 | 0 | 2.0 |
| 2019 年 | 2.0 | 0 | 2.0 |
| 2018 年 | 1.0 | 1.0 | 2.0 |
| 2017 年 | 2.8 | 0 | 2.8 |
| 5 年平均 | 1.96 | 0.2 | 2.16 |

〔圖表 4-88〕中聯資源（9930）近年股價走勢圖

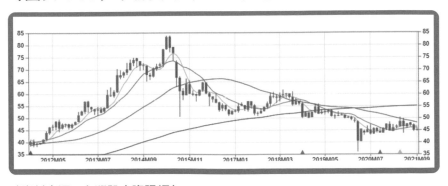

（資料來源：台灣股市資訊網）

〔圖表 4-89〕中聯資源（9930）近年負債占資產比率

| 配發年度 | 負債占資產比率（％） |
|---|---|
| 2020 年 | 53.6 |
| 2019 年 | 54.8 |
| 2018 年 | 46.5 |
| 2017 年 | 42.6 |

註：近年興辦越南子公司及併購茂聯實業兩項重大投資，向銀行辦理借款，帳列「長期負債」，致負債占資產比率提升甚多。

## 中聯資源的價值投資評價

（1）股本不大、籌碼穩定、成交量稀少，是冷門股；前 10 大股東（中鋼集團及台泥、亞泥等水泥公司）持股占比 74.2％，市場流通籌碼較少，一旦出現利多消息，股價容易反映。（員工信託持股占 1.91％，是員工每個月提撥一定金額買進自家公司股票，公司也相對提撥給員工，任職期間不能賣出，離職時當作一筆額外的退休金）

（2）現金股利穩定：過去連續 25 年配發股利，累計現金股利 48.4 元及 6.6 元股票股利，合計 55 元，近年多為現金股利，可作為長期存股的對象。

（3）最近 5 年股利平均 2.16 元，比起前 5 年（2012 年至 2016 年）股利平均 3.36 元大幅降低 36％，關鍵原因在於投資越南子公司約 10 億元（股權占 85％），及併購茂聯實業 100％股權花費 11 億元。這兩大項投資活動使得現金流出，資金來源除了向銀行辦理長期借款以外，就是降低配息率，故配息率由往昔

約 90％降低至近年的 60％。

（4）越南子公司及併購茂聯實業的資本支出目前都已完成，資金可望不再繼續流出，反而是該收回成果的時候了，例如對越南子公司的收益認列，2021 年上半年有 451 萬元，而併購茂聯實業部分有 406 萬元。

（5）將來在資本支出減少、越南子公司貢獻盈餘、高雄大寮廠房租金減少、臺商回臺建廠熱絡、水泥骨材等需求較高情況下，有機會締造更好的績效，並有機會提高配息率，投資人則可獲得更多股利。

（6）這幾年配息較低、股價也在較低水準的情況，可望因資本支出結束而獲得轉變，而目前現金殖利率也還有 4％以上，似可留意逢低買進的機會。

## 第五章

# 銅板股的轉機與威力

不管是襪子還是股票，我都喜歡在打折時買品質好的。

——股神 華倫・巴菲特
（Warren Edward Buffett）

# 第一節
# 便宜的好貨——
# 體質健全的銅板股

許多原本沒沒無聞的「銅板股」，在 2021 年異軍突起，漲勢凶悍，因為價位低、容易入手，值得投資人留意。

**所謂銅板股，是指價位低的股票，有些甚至比 10 元的硬幣還低，但現在貨幣的購買力低，我認為股價在 15 元以下都容易入手，可以定義為符合 15 元以下的股票就算是銅板股**，這樣可以選擇的標的檔數較多，又不至於失焦。

有人認為，目前新臺幣硬幣的最大面額是 50 元，所以 50 元以下的股票就可以視為銅板股，但以我看來這個標準太高，符合的股票高達數百檔，甚至連金融股股王國泰金（2882）的股價也經常在 50 元以下，但能說它是銅板股嗎？可見把股價定義在 50 元不太適合。

## 為何會出現「銅板股」

會出現銅板股的原因不少，多半是公司體質不佳造成，我大致整理了以下因素：

- 公司體質不好，連年虧損，多年都無息可配，前景不佳，甚至走到下市的命運，例如華映（2475）、綠能（3519）。
- 公司所處產業位於景氣循環的谷底，營業額降低、毛利減

少，甚至出現虧損，例如之前面板股的群創（3481）、友達（2409），以及航運股的陽明（2609）、長榮（2603）。不過現在這些產業已從谷底翻身，相關公司的股價已經轉為火熱。

- 公司遇到一些「麻煩事」，包括資產減損、嚴重匯兌損失、大型工安意外等。欣陸（3703）於 2014 年底將手上高鐵股票減資 6 成，導致當年虧損 9.79 億元，次年財報公布後，股價最低跌到 7.41 元，就是資產減損造成「銅板價」的案例。

- 公司帳上擁有眾多金融資產（股票庫存等），一旦遇到股災，就會因為「金融資產評價」而出現巨額的帳上損失，例如三商壽（2867）在 2018 年時，因為有股票及債券未實現損益，而出現帳面虧損，股價從 17 元多一路下跌，一度跌破 9 元，到目前也仍在 9 元上下徘徊。

- 公司帳上原料存貨很多（例如原油、鋼鐵），當國際原油、鋼鐵價格大跌，公司業績會因為「資產評價損失」而出現虧損，股價就會跟著下跌，例如 1998 年至 2002 年期間，國際鋼鐵價格跌到 20 年來的最低點，中鋼（2002）的股價跟著下滑，曾經來到 11 元的低點。

- 績效不佳的指數型 ETF 也會成為銅板股，例如元大台灣 50 反 1（00632R），股價從 2015 年的 20 元，一路下跌至今 5.6 元左右。除此之外，還有許多指數型 ETF 已經下市。

- 其他原因。

所以，投資人如果懷著撿便宜的心態買進銅板股，一定要非

常謹慎,還好現在資訊發達,很容易就能查出哪些是體質不好的公司,謹慎判斷公司營運狀況,就算是銅板價,也可以獲得相當的保障。

 投資小知識

## 金融資產評價

企業購入的股票、債券等金融商品,即為企業的金融資產,依「成本原則」列帳,但在編製財務報表時,應進行評價,將帳面金額與市價比較,如果出現市價低於買進成本情況,即應認列評價損失。也就是說,在期末時,帳上持有(企業仍持有,尚未賣出)的金融資產,應與期末時的交易價格比較,認列評價損益。

## 第二節
# 只要體質好，銅板股也能飆

　　比起高價股，銅板股價格低廉，容易讓投資人誤以為上漲的空間較大，另一方面也因為已經是地板價了，應該不至於再跌到哪裡去，而忽略了風險問題，但事實上銅板股的風險不小！

　　雖然銅板股有些體質不佳，甚至容易碰到地雷股，一直套牢，甚至面臨下市，但其中還是有非常多的獲利機會，尤其2021年期間，銅板股像春筍一般，一檔接一檔拉出長紅，令投資人驚喜連連。

## 面板股

　　群創（3481）及友達（2409）的股價，都曾因為產業關係跌落谷底至10元以下，但2021年面板大漲，這兩支個股同步攀升到30多元，上漲幅度驚人。

〔**圖表 5-1**〕**群創（3481）股價走勢圖**

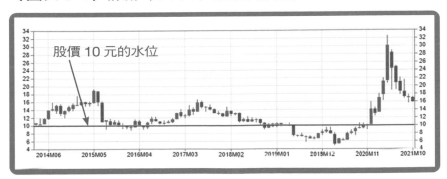

（資料來源：台灣股市資訊網）

〔圖表 5-2〕友達（2409）股價走勢圖

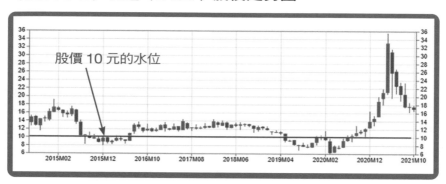

（資料來源：台灣股市資訊網）

## 傳產股

預拌水泥業的國產（2504）在 2020 年 4 月從 10 元起漲到目前的 27 元，漲幅達 170％；貨櫃運輸業的長榮（2603）、陽明（2609）在 2021 年都飆漲突破 200 元關卡，漲幅極為驚人。

〔圖表 5-3〕國產（2504）股價走勢圖

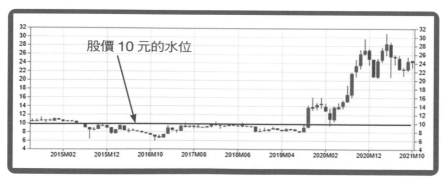

（資料來源：台灣股市資訊網）

## 證券股

　　由於股市熱絡，有些與證券密切相關的金控銅板股也充滿機會，例如開發金（2883）、永豐金（2890）、元大金（2885）。

　　開發金（2883）2021 年，前 3 季盈餘 306.9 億元，比上一年度同期的 87.93 億元，成長很多。每股盈餘（EPS）2.05 元，其中子公司凱基證券盈餘 101.66 億元，而股市持續熱絡，前景樂觀，且已經顯露盈餘成長的態勢。永豐金（2890）2021 年前 3 季盈餘 127.89 億元，比上一年度同期的 92.36 億元，年增率達 38.47％，每股盈餘 1.13 元，其中子公司永豐金證券貢獻 36.95 億元，表現亮麗。

　　元大金（2885）的股價已遠遠超過 15 元，似乎不屬於銅板股，但往前幾年看，股價一度只有 10 元，的確曾是銅板股一員。2021 年前 3 季獲利大放異彩，盈餘 283.15 億元，每股盈餘 2.33 元，其中子公司元大證貢獻 186.11 億元，是最大功臣。

　　三家證券股都還有其他的利多，有助於公司盈餘的成長，元大金（2885）更是連續 13 年都有配股、配息，而且是越配越多，屬於盈餘成長股，在第四章有個股詳細分析。

## 了解銅板股的基本面

　　如果能夠掌握銅板股的轉機與機會，獲利也可能高達數倍之多。首先要了解公司體質是否良好，例如財務結構、營運概況必須沒有太大問題；其次是了解它為什麼會成為銅板股，像是優良公司遇到麻煩事、匯率虧損、工程款延宕、景氣不佳等原因；確定公司的基本面穩固之後，第三步就是掌握反轉向上的機會，超

前部署。

　　以散裝船運業為例，前幾年處於景氣循環谷底，股價也一直在低點，投資人就需要長期追蹤波羅的海指數（BDI）及貨櫃指數，觀察景氣循環狀況，當這兩個指數連續上升，表示該行業景氣趨勢好轉，股價就有機會上漲。目前航運股漲翻天，已經不是最好的買進時機，何時才是下一次的循環？根據經驗，可能還要很多年。

　　至於塑化、鋼鐵、原物料等產業，由於背後有各國基礎建設的強勁需求，以及通貨膨脹的陰影，雖然目前已經漲了一段時間，但未來似乎還會持續漲上去。而在證券股（或金控當中有證券子公司）方面，目前股價尚未完全反映股市繁榮的事實，可多加以留意。

 **投資小知識**

## 波羅的海指數（BDI）

　　波羅的海指數，全名為「波羅的海乾散貨指數」（Baltic Dry Index），由各種乾貨散裝船航線的即期運費加權計算而成，包含海岬型指數（BCI，無法航行於巴拿馬或蘇伊士運河，須繞行好望角或合恩角的 8 萬噸以上貨輪）、巴拿馬指數（BPI，可以航行於巴拿馬或蘇伊士運河的 5 ～ 8 萬噸貨輪）、輕便型指數（BHMI，5 萬噸以下船隻），運費的高低會影響指數漲跌，是航運業的經濟指標。

# 苦蹲銅板價 15 年的新光金

若是要問，投入銅板股要等多久才可獲利？這可不一定，要有些耐心。以新光金（2888）來說，它在 2007 年的平均股價高達 31.7 元，但不幸隔年碰到金融海嘯，大虧 210 億元，內傷嚴重，從此變成銅板股，至今已度過 15 年，對投資人來說，簡直是漫漫長夜。

但新光金（2888）的業績自 2017 年起 4 年盈餘合計 545 億元，平均每年 109 億元，成績不錯，近年又新增子公司元富證券，獲利也很亮麗，是重要的小金雞，似乎已出現轉機，值得稍加留意。（詳細分析請見第四章）

若是仍顧慮 IFRS 17 實施會造成壽險股的影響，可以觀察目前在原物料、房地產上漲，消費者物價指數上升，景氣信號亮出紅燈的情況下，美國及我國央行遲早會升息，而且依照美國的慣

〔圖表 5-4〕2013 年至 2020 年臺灣證券業獲利表

| 年度 | 盈餘（億元） |
| --- | --- |
| 2020 年 | 817 |
| 2019 年 | 568 |
| 2018 年 | 465 |
| 2017 年 | 552 |
| 2016 年 | 323 |
| 2015 年 | 394 |
| 2014 年 | 438 |
| 2013 年 | 311 |

註：本表包括證券公司、期貨公司及投信公司。

性，利率調整的趨勢啟動後，往往是階梯式的多次調整，在長期利息看升之下，IFRS 17 保險會計實施對壽險業的利空影響，將會明顯降低。

　　擁有足夠耐心的投資人，建議可以把銅板股列入存股考量，只要記住謹慎選股、持股過程中也要有適當收益這兩大原則，報酬往往會意想不到的好！從另一層面來看，銅板股既然已經落難，股價往往會很沉悶、少有起伏，對於波動敏感、喜歡短期獲利、耐性不足的投資人，並不適宜。

 投資小故事

## 低價買進的可貴

　　龍巖（5530）股價緩步下跌達半年以上，可說是異常沉悶，但 2021 年 5 月 27 日起卻連續兩天漲停，股價來到 59.9 元，機會難得，趕快先賣出一小部分。成交後，再查閱買進的平均價，扣掉交易成本，發現其實沒賺到什麼錢。

　　為什麼 2 支漲停板後賣出還沒什麼賺？原因在於買進的成本不夠便宜！例如買進國票金（2889）、開發金（2883）、群益證（6005）的成本都在 10 元以下，靜待時間的發酵，利潤明顯較好，這再次印證低價買進最可貴。

　　也就是說，投資人要多珍惜低價的機會，追高搶買未必是好。

## 第六章

# 做好資產配置，
# 不只賺，還很賺！

理性就是多一點常識、少一點情緒，要買自己懂的
好企業，而且要掌握便宜的時機買進。

——雪球股達人　溫國信

# 第一節
# 資產配置沒做好，
# 投資績效不會好

　　人的一生很長，光是薪水就可以賺到很多錢，似乎每個人都可以成為富翁，但實際上，成為富翁的人數比想像中的少很多，為什麼會這樣呢？

　　我曾在臉書提出這個問題，網友很快的給我下面這些回應：

- 花的比賺的多，入不敷出。
- 理財觀念並非人人有，今朝有酒今朝醉的人也不少，賺的錢沒有轉為資產。
- 有些人發生意外事故也偏多。
- 養兒育女、買房買車、保險、食衣住行、通膨，負擔沉重。
- 無法延遲享樂。
- 無法遵守紀律。
- （投資股票）不做功課，喜歡聽明牌、短進短出、屢戰屢敗，賠光老本。好的投資還是要選對股，慢、穩、忍，耐心存股，才是王道。
- 因為投資路上做不到違反人性，賠錢居多。
- 沒有夢想，不曉得自己也有機會變富翁。
- 人生及早做理財規畫，這些都不用怕！

很感謝網友迅速的回應，提供許多寶貴意見，但我還要再補充 3 個重要的理由：

- 資產配置不夠好。
- 投資績效不夠好。
- 被騙。

## 資產配置不佳，讓諾貝爾獎差點發不出來

首先，我們看看作為諾貝爾獎金的「諾貝爾基金」，它從曾經入不敷出的窘境，到現在錢多得花不完的榮景，故事的關鍵就在「改變資產配置」。

當年，瑞典化學家阿佛烈·諾貝爾（Alfred Bernhard Nobel）將遺產 3,100 萬瑞典克朗成立基金會，從 1901 年開始，用基金作為獎勵，頒發給對世界有卓越貢獻的人。諾貝爾獎頒發至今已經 121 年，這筆基金不僅沒用完，甚至還增值了 96 倍左右，靠的就是資產配置、投資理財得當。

根據報導，初期諾貝爾獎每個獎項的獎金約 15 萬瑞典克朗，之後逐步調整至 40 萬瑞典克朗、200 萬瑞典克朗，目前則為 900 萬瑞典克朗，約為 110 萬美元，或新臺幣 3,000 萬元。由於每個獎項的得主經常不只一人，例如 2019 年的生醫、物理、化學、經濟等獎項都是 3 人共得，和平獎是 1 人獨得，所以每個得獎人的獎金金額可能不同。

對於基金的管理，依照諾貝爾的遺囑，起初只能投資銀行定存等安全標的，但利息收入有限，面對每年頒發出去的金額頗多，可說是入不敷出，到 1953 年時基金竟然僅剩三分之一（約

1,000 萬瑞典克朗）左右，再持續下去，諾貝爾獎可能會面臨無法繼續頒發的窘境。

　　所幸，諾貝爾基金及時改變資產配置，將大部分資金投入有價證券，包括股票、債券、基金等，之後果然績效大增，基金會不但能夠繼續運作，還發出更多的獎金。由這個故事可見，良好的資產配置極為重要。

## 資金、報酬率、時間，一個都不能少

　　本書一直強調，最好以股票作為資產配置的主要部分，但股票投資失敗的例子很多，若是買到不好的股票，一旦下市就血本無歸，例如樂陞、華映、綠能、尚志，還有很多早期的營建股，早已不見蹤影。還有些股票雖然沒有下市，但是股價跌得不像話，例如宏達電（2498）、盈正（3628）等，若是高價買到這些股票，結果也是非常糟糕。

　　既然股票風險這麼大，我們怎麼還能以股票做資產配置呢？其實事在人為，所有事情都需要付出心力，股票投資的確有很多負面例子，但正面範例更是多不勝數，許多標的數十年屹立不搖，年年都替投資人賺錢，如果能擁有這些好股票，就等於擁有許多好資產。

　　股票投資績效要好，主要有三個要素，第一是資金不要太少，雖然現在投資股票的資金門檻很低，只有 1 萬元也可以投資，但最好能夠慢慢增加資金，因為若是投資資金很少，就算可以賺到一倍，獲利金額還是很有限。

　　其次是每年的報酬率不要太低，可以以每年達到 10％～

15％為目標，長期下來，績效就會很顯著。以每年獲利 15％來舉例，10 年會成長為 4.04 倍，也就是 10 萬元可以成長到 40.4 萬元，這樣的效率就很棒。若是報酬率只有 1％，即使賺了 10 年，總資金還是很有限，一旦遇到物價上漲，購買力不但沒有增加，反而還會降低。

第三是投資時間不要太短，否則很難把成果繼續滾入本金，就無法達到滾雪球的複利效果，而這正是致富的要訣。

至於投資方法會不會很困難？可以看看巴菲特怎麼說：「促成我今天成就的力量其實很簡單，跟智商沒有關係，相信你們聽了都會很開心（這表示大家都能做到），最重要的是理性。」而所謂理性，以我認為就是多一點常識，多一點對公司的認識，少一點情緒，要買自己懂的好企業，而且要掌握便宜的時機買入。

## 被騙起於貪念，越急著賺錢越容易被騙錢

社會上形形色色的騙術無所不在，許多人都有被騙的經驗，而且可悲的是，有些人具備貪小便宜、想賺快錢的心理，被騙一次以後，下一次還是會再被騙，只是情境不同而已。

股市裡的騙術更是花招百出，炒作者會聯合大股東、電視名嘴、記者詐騙投資人，首先由大股東先美化財務報表，並放出一些利多題材，還配合不釋出籌碼，接著由股市名嘴和記者幫忙鼓吹，在短時間內把股價炒到很高，再套給投資人，在 2020 年爆發掏空而下市的康友 -KY（6452），就是這樣操作騙局。

另一個大家耳熟能詳的案例就是 1980 年代的鴻源案，當時鴻源集團的負責人沈長聲以每月利息收入可達 4％作為誘餌，吸

引到 16 萬名投資人的資金，然而每月利率 4％，即是一年報酬率高達 48％，企業不可能負擔得起這麼高額的利息，最後當然不倒也難。

 投資小故事

## 小心資產流動性被限制了！

　　一位擁有上千萬財產的朋友，卻只能擠出 100 萬元來買股票，他自行檢視資產配置情況後發現，原來是買了很多保險（其中還包括以美元計價的美元保單），簽約後每年陸續要繳納沉重的保費，有錢也不敢花用，當然就擠不出錢買股票了。

　　曾經有理專向我推銷「儲蓄型保單」，為期 6 年，每一年要繳 96 萬元，我不喜歡大筆資產的流動性給限制住，就回絕他了。

# 第二節
# 「平衡」配置？
# 小心獲利也被剷「平」了

　　許多人可能從來沒想過資產配置的問題，會和你談資產配置的，大概只有向你推銷保險或基金的業務員或理財專員。他們會提醒你，資產應該要做「平衡配置」，包括現金、股票、保險和基金都要有一點，最常聽到理財專員這樣說：「你完全沒有保險嗎？多少買一點吧？資產要平衡配置比較好。」

　　「平衡配置」這個說法真的很容易打動客戶心弦，這句話看來簡單，但其實是很高明的話術，當你聽進去這個說法，買下保險，也買了基金，他們也輕易達成業績的目標。

　　保險未必不好，但要看保險的內容和自己的需求。保險業務員或理財專員所推銷的，往往是儲蓄型保單、投資型保單或基金，這些大金額的保單對他們業績最有幫助，但這些保單本質上是理財而不是保險，與你心目中的「保障型」保單不同。

　　其實，資產配置的問題不在於「平衡」，而是要找到一個最有利的資產，然後把大部分的資金放到這裡。如果你把資金分在次要或不佳的標的上，就會沒有資源放到對你最有利的資產裡。

　　最有利的資產，可以同時符合「安全」、「收益」、「流動」這三項條件，而許多資產顯然無法達到這個要求。巴菲特曾說過：查理（波克夏公司副董事長查理・蒙格）一家 90％ 的財富是波克夏公司的股票，我個人則是 99％ 都在這家公司，此外，

我有許多親戚像是我的姊妹和表兄妹等，也將他們大部分的財產投資在波克夏。

## 績效會被「平衡」拖累

從前大學聯考的時候，有一位同學國文成績特別好，歷史、地理、三民主義也不錯，但數學、英文不好，所以總平均很難提高，最後只能考上某所國立大學，然後再參加轉學考，進入心目中的最高學府臺大法律系。

大學聯考沒得選擇，數學、英文不好，平均分數就會被拖累，而法律系轉學考沒有數學、英文，這位同學就可以得心應手，順利進入理想的學校。資產配置也是一樣，某些項目報酬率好，有些項目報酬率不好，資產平均配置的話，整體的績效就會被拉下來。績效必須看整體，只看其中一項的報酬率是不正確的，所以，不要因為股票或某一項的績效很好就沾沾自喜，努力做好資產配置才是獲得好績效的對策。

例如某甲盤點後，發現自己有 1,000 萬元，但只有 100 萬元配置在股票，其他資金都配置在儲蓄險和銀行定存。股票部分的投資報酬率假設是 10%，還不錯，但另外 900 萬元的報酬率假設是 2%，那麼整體投資報酬率就只有 2.8%，結果就會是「報酬率偏低」。

100 萬元 ×10%＝ 10 萬元

900 萬元 ×2%＝ 18 萬元

（10 萬元＋ 18 萬元）÷1,000 萬元＝ 2.8%

如果他的資金配置是900萬元在股票，其他100萬元做定存，則整體的投資報酬率會有9.1%，結論就會是「報酬率很好」。

**900 萬元 ×10% ＝ 90 萬元**

**100 萬元 ×1% ＝ 1 萬元**

**（90 萬元＋1 萬元）÷1,000 萬元 ＝ 9.1%**

## 資產百百種，要把錢放在對的地方

所以，資產配置恰當的話，會帶來較好的收益。只是，絕大多數人的資產配置，不會像上述例子只有股票、現金和儲蓄險保單這麼單純，而是五花八門。下頁圖表 6-1 以股票、銀行存款、儲蓄險、主動式基金、出租套房、期貨、黃金（含飾金）、合夥股份、古董（含龍銀）、農地等 10 種資產，做一個假設的資產配置和假設的收益率，結果是「報酬率不佳」。

股市上漲階段時，主動式基金可能有帳面上的獲利，但很多投資人往往在股市震盪的時候恐慌賣出這些主動式基金，再加上各種手續費及經理費不便宜，長期來說，虧損的機率較大，因此此處假設「主動式基金」的報酬率為 -5%。

在大學附近購置套房或雅房出租給學生，曾經是不錯的投資標的，但時至今日房價已經太貴，做包租公的投資報酬率被壓得很低，另一方面，少子化導致許多學校招生不足，附近的套房已經供過於求，所以假設「出租套房」報酬率為 5%。

也就是說，一般人的資產配置非常多樣化，某些項目報酬率好，像是股票，但只占資產的一小部分，其他項目的報酬率不好，

〔圖表 6-1〕各種資產收益情形

| 資產種類 | 資產配置 | 假設收益率 |
|---|---|---|
| 股票 | 100 萬元 | 10% |
| 銀行存款 | 100 萬元 | 1% |
| 儲蓄險 | 100 萬元 | 2% |
| 主動式基金註 | 100 萬元 | -5% |
| 出租套房 | 100 萬元 | 5% |
| 期貨 | 100 萬元 | -20% |
| 黃金、飾金 | 100 萬元 | 0% |
| 合夥事業 | 100 萬元 | 0% |
| 古董、龍銀 | 100 萬元 | 0% |
| 農地 | 100 萬元 | 0% |
| 合計 | 1,000 萬元 | -7% |

註：指股票指數型 ETF 以外的各種基金。

卻分走了相當比例的資產，平均配置的結果，整體的績效就會被拉下來。

　　但不是每個人都懂股票，要求那些不懂股票的人把資產配置在股票上，是在冒很大的風險，然而學習理財只需要花費很短的時間和很少的金錢，就可以學得很好，何樂而不為？

　　大多數人也都太輕忽投資理財的專業，認為理財就只是逢低買進、逢高賣出，這有何難？這是大錯特錯的想法！又或者有些人以為，學到技術分析就是看懂股票了，其實也不然，我認為學習價值投資才是最好的方法，而且價值投資邏輯簡單，只要用心學習，很快就可以學會。

# 第三節
# 優化績效的技法——資產轉換

　　如果手中資產配置的績效不好，可以透過資產轉換來「優化」績效，是指採取實際的行動，將目前不夠好的配置，換成收益性、安全性及流動性更好的新資產。

　　有些人經常在做資產轉換，或是轉換的成效很好，也有些人很少做資產轉換，或是成效不佳，資產越轉換越少，效果如何，完全掌握在自己手中，有下列例子可以參考：

● 某甲將「活期儲蓄存款」100 萬元轉為「一年期定期存款」，年利率由 0.10％馬上提升為 0.75％，本金的安全程度完全不變，收益卻多出 6,500 元，不無小補。

● 某乙將「活期儲蓄存款」100 萬元轉為「定存股」，假設「定存股」收益率為 5％，則某乙每年的收益率由 0.10％提升為 5％，收益金額由 1,000 元提升為 5 萬元，至於本金的安全程度，在慎選股票的情況下，影響也不大。

● 某丙將「一年期定期存款」100 萬元轉為「外幣定存」，年利率為 1.75％，則某丙在不考慮匯率前提下，每年的收益率由 0.10％提升為 1.75％，但由於新臺幣是強勢貨幣，假設新臺幣對該貨幣升值 2％，則某丙的年收益利息金額會從 1,000 元變成「倒賠」。

● 某丁將每年穩定收益 5％ 的「定存股」1,000 萬元，轉

為「買房」，另外還辦理 20 年期房貸 1,000 萬元，利率 1.6％，本息平均攤還，則某丁的年收益金額由 50 萬元變成每年「繳房貸」，且必須持續 20 年。

另外，資產轉換也不一定只是將資金換個種類，有時想要換一種生活方式，也會牽涉到資產轉換，且轉換後是否真的有「優化」，也需要一段時間才會顯現出來。

例如有一對夫妻嚮往田園生活，65 歲退休後，到宜蘭購買

 投資小故事

## 鄉下水田該保留嗎？

有一位從南投竹山北上打拚，已在臺北成家立業的朋友，在老家有一塊祖先遺留下來的水田。由於多年的都市生活，他已經不諳耕作，距離又遠，都是請堂兄代耕，每年的收穫扣除代耕費用後所剩無幾，多年來總有出售的念頭。

但另一方面，他常聽長輩說「有土斯有財」，或說祖先留下的田產，最好不要變賣。這些說法讓他很猶豫，不知如何是好。

這位朋友所面臨的，就是資產轉換的問題。我認為，首先可以考慮這片水田的收益性、安全性及流動性。工作在臺北，水田遠在竹山，管理上有困難，未來子女繼承耕種的機率也幾乎不存在，就收益性來說，報酬率也非常低，不如賣出並轉換為較容易管理的資產。

農舍，種植蔬果、花草樹木，生活悠哉，不亦樂乎。但住了半年以後，發現並不適應鄉村生活，就醫也不方便，便又搬回臺北，當初購買的農舍最後變成閒置資產。

我們隨時都可能碰到轉換資產的時機，怎麼轉換才有利，必須慎重處理。要特別留意的是，資產轉換後一定要是長久繼續存在，而且會生利益的「資產財」，千萬不能變成消耗品的「消費財」，否則不久後，原來的資產消失了，消費財也消耗掉了，最後什麼都沒有留下。

## 資本財不能轉為消費財

轉換資產不容易執行，尤其是要轉換到看起來風險不小、報酬率又不太穩定的股票上，很考驗心理。再加上人都有惰性，習慣遵循原本的行為模式，會抗拒改變，所以在決定資產轉換時，必須重視下面兩個問題才能成功優化績效：

1. 先了解資產優化可以帶來什麼好處，例如更安全、更多收益、更好流動性等，這就是優化的誘因。

2. 下定改變的決心，積極行動，不要只是空想而已。

至於要轉換成什麼樣的資產，才能達到優化的目的呢？最基本的原則是，原本是資本財（相對消費財來說，資本財就是生產用的資產）的資產，當然要繼續轉換成資本財，也就是生財器具，才能讓資金保持原有的生產力，若是轉換成消費財，有可能很快就消費光了。

　　股票就是資本財的一種，也是巴菲特所說的「最好的投資」，但股票不能亂買，必須把每一筆股票都當成一筆生意，用價值投資法認真的看待，並且嚴守投資紀律。

　　有一位朋友多年來累積了不少積蓄，因為覺得利息太少，而於2018年買了1張新保（9925），不巧該年第4季台股指數大跌，新保（9925）也下跌，他很不安的問我怎麼辦？我說，該股跌到32元剛好是便宜價，不要賣，反而要買進。

　　這個案例告訴我們，大家都希望優化績效，但實際上，買進1張股票就已經坐立難安，何況是將大部分的資產配置到股票？可見大家對股票還是欠缺信心，要將資產配置順利轉成股票，是相當困難的。

## 精選含有科技股的指數型 ETF

　　許多人看到電子股的強勢，會想把資產配置在電子股上，但又擔心波動太大而不敢大金額的投入，面對這種報酬率高、風險也高的資產，該怎麼做才能享受到好處呢？**精選並買進含有科技股的指數型 ETF，是不錯的選擇。**

　　這類型的指數型 ETF，會集合多檔科技股在一起，可以有效降低單一科技股的風險，卻能分享到科技股上漲的好處。例如**兆豐藍籌 30（00690）**的成分股，就包含了台積電（2330）、台達電（2308）、聯發科（2454）、中華電（2412）等強勢標的，也有台塑三寶等傳產股，這樣既比每支個股單獨買進來得輕鬆，也可以分散持有單一個股的風險。（關於指數型 ETF 的投資，請參閱本書第七章。）

投資小故事

## 資產配置案例：挪威政府基金向股票靠攏

挪威政府基金設立於 1997 年，起初只投資本國公債。

1998 年，把 4 成資金配置於股票投資。

2006 年，把股票投資上限從 40％提高到 60％。

2008 年，把股票配置上限提高到 80％，債券配置 20％到 50％，房地產配置小於 7％。

2018 年底，實際投資比重是股票占 66.3％，債券占 30.7％，房地產 3％。

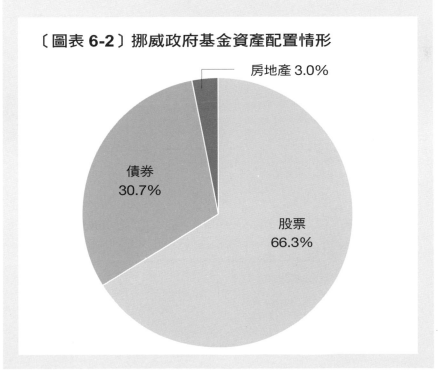

〔圖表 6-2〕挪威政府基金資產配置情形

房地產 3.0%

債券
30.7%

股票
66.3%

（接下頁）

　　20 年來的績效，複合年報酬率為 5.67％，並不算很高，但在全球主要國家債券市場出現負殖利率的現在，能夠有這樣的報酬率已經很不錯。此外，**挪威政府基金對臺灣金融股也特別喜歡，居然成了開發金（2883）的第二大股東。**

　　看到挪威政府基金向股票靠攏的資產配置方法，或許可以讓我們得到一些啟示。

〔圖表 6-3〕挪威政府基金為前 10 大股東的台股列表

| 公司名稱 | 持有股數（張） | 持股數量排名 |
| --- | --- | --- |
| 開發金 | 229,692 | 2 |
| 合庫金 | 149,045 | 5 |
| 台企銀 | 68,072 | 6 |
| 台新金 | 150,293 | 6 |
| 永豐金 | 165,086 | 6 |
| 玉山金 | 168,589 | 6 |
| 台中銀 | 54,225 | 6 |
| 華票 | 8,547 | 6 |
| 第一金 | 158,451 | 9 |
| 華南金 | 137,367 | 9 |
| 中壽 | 28,480 | 9 |

（資料來源：公開資訊觀測站）

# 第四節
# 資產轉換的最佳首選──股票

　　要讓資產在最適當的位置，創造最佳的績效，第一步是從盤點自己的資產開始，先弄清楚自己有多少資產，然後把這些資產活化，才有機會創造長久的收入。

　　有些人手上會有一些收益及流動性都不佳，所以漸漸被遺忘的資產，像是郵票、骨董、紀念幣、字畫，這類型資產的特性是買入時「貴森森」，賣出時卻找不到買家，有急用必須變現時，只能便宜賣掉，可能不但沒賺到錢，甚至連本金都收不回來。另外最常見的，是祖先遺留下來的土地資產，往往不在目前的生活範圍內，距離太遠、照顧不到，卻又捨不得脫手，於是變成閒置資產。

　　如果賣出資產，只是用來消費，勸你千萬不要這樣做，因為消費完了，資產也沒了，你會後悔莫及。即使賣出資產的目的是用來創業，也必須非常謹慎，因為創業成功的比率不高，一旦失敗，不只會賠上原有資金，還可能背負債務。

## 價值投資，精選高殖利率的股票

　　把「不優」的資產轉換成股票，並且使用價值投資法操作，是較好的資產配置，因為它確實可以增加收益，只是股票投資新手通常遇到 4 個困擾：第一，喜歡聽信明牌，對手上持股缺乏信

心；其次，誤信人云亦云的技術分析，費心的操作短線，導致心力交瘁；第三，看到指數上萬點就認定個股的股價很高，想進場又不敢進場，內心糾結萬分；最後，想了很久之後仍把錢留存在銀行，繼續面對利率超低的現實，內心更苦！

這些苦惱其實不難解決，只要花一點心思學會價值投資，就能迎刃而解。面對眾多股票選擇，選股是重要課題，精選好公司是最重要的，其次是選擇具有高現金殖利率的股票，現金殖利率越高，表示股價越便宜，可能就是我們要的標的。

 **投資小知識**

## 殖利率的「陷阱」

投資人用「高殖利率」這個指標挑選股票，是不錯的方法，但若在股價已高的情況下買進，可能賺到股利、賠上價差，得不償失，就稱為「殖利率」陷阱。

例如神基（3005）公司宣布 3.6 元現金股利之後，市場發現它的殖利率很高，就有很多人買進，在經過一段時間後，股價漲到 66.8 元，乖離率很大，但這時「殖利率」也還不錯，許多投資人此時繼續買進，剛好買到最高點，除權後最低來到 45.6 元，真的是「賺到股利，卻賠上價差」！

還有一種情形是某些公司有賣廠房或土地等一次性的業外收入，發高額股利，但次年卻沒有相同的收入，除權後股價就回落，追逐高股價的投資人就會落入「殖利率」陷阱。

　　不過，現金殖利率是一個指標，並不是唯一的選股條件，可以從這個指標進一步去探討公司的基本面，發現它確實有投資的價值，再決定買進。如果誤認只要殖利率高就可以買進，不需要再探究基本面，就會掉入殖利率的「陷阱」。

　　有不少人的投資首選是房地產，認為房地產既可以賺租金，一旦房價上漲又可以出售獲利。反過來看存股，首重穩定的配息收益，其次才是漲價帶來的交易所得，這和房地產「兩頭賺」的情況有點類似，但從資金配置來看則是完全不同，相較起來，投資股票會比房地產更為有利。

**〔圖表 6-4〕存股和投資性質房地產差異**

| 特性 | 存股 | 投資性質房地產 |
| --- | --- | --- |
| 收益性 | 有股利收益，且報酬率較高。 | 有租金收益，但報酬率較低。 |
| 增值性（價差） | 會增值。 | 會增值。 |
| 變現性 | 快速。 | 很慢。 |
| 安全性 | 因人而異，可以做到很安全。 | 安全性高。 |
| 進入門檻 | 1 萬元也可開始，門檻低。 | 門檻高，通常還要背很長時間的貸款。 |
| 稅賦比較 | 須繳手續費、交易稅，價差獲利則免稅。 | 稅賦（房地合一稅）比存股高。 |
| 致富機率 | 很多人因而致富，因人而異。 | 投資客致富不多，建商致富很多。 |
| 必備專業知識 | 需要，這是決定盈虧的基本。 | 需要。 |

　　房地產投資的門檻很高，往往不只會把積蓄用盡，還要再背負十幾二十年的貸款，每月還款之後已經無法再投資其他項目，因此房地產投資具有極高的「排他性」。至於目的在賺取價差的「投資性質」房地產，在政府實施「房地合一稅」之後，提高了稅賦、壓縮了短期買賣的獲利空間，想賺到錢的難度變高。兩相權衡之下，比起房地產，建議以投資股票為優先才是上策。

 投資小知識

## 財報資料哪裡找

　　資產的種類很多，但真正能夠符合安全、收益、流動的卻少之又少，巴菲特所獨鍾的股票，就是符合這些條件的最佳資產，他把自己絕大部分的資產都放到股票中，一輩子用股票滾雪球，展現了非常優異的成果，獲致極大的財富。

　　但是，股票的「安全」，絕對不是天生的，是需要經過人為挑選好公司，以便宜價格買進，並且用多支股票組合，還有良好的情緒管理等條件，才能夠達到目的。

　　關於股票的成功投資，巴菲特認為，無論是經營企業或投資股票，做「簡單明瞭」的事，往往比努力解決難題更有利可圖。他說：「總的來說，我們『寧願避開龍』而不是去『當屠龍英雄』，而且這麼做的結果，確實績效斐然！」

### 財報透明度增加，適用價值投資

　　從財務報表來探討一個公司的基本面，就可說是「簡單

「明瞭」的事，現今公司財報的透明度大幅增加，有兩個重要因素，一個是制度讓財報公開，另一個是網路資訊的進步。

制度方面，金管會已規定，公司重要財務報表必須按季及時公開、營業收入按月及時公開、重大資訊即時公開。

電腦網路資訊進步方面，許多投資人已經可以透過網路，及時了解公司的營運狀況，包括股東會年報、法人說明會的現場錄影及歷史影片等，讓無暇現場參與會議的投資人，可以從各種資訊及影片檔案中了解會議內容。投資人應該善用這些管道，努力吸收資訊，作為投資的重要參考，不要再停留在從前主力大戶喊水會結凍的時代，也不要再迷戀技術分析。

〔圖表 6-5〕投資股票好用的網站

| 網站名稱 | 網　址 |
|---|---|
| 台灣股市資訊網 | https://goodinfo.tw/StockInfo/index.asp |
| 公開資訊觀測站 | https://mops.twse.com.tw/mops/web/t57sb01_q3 |
| 鉅亨網 | https://www.cnyes.com/ |
| 臺灣證券交易所影音傳播網 | https://webpro.twse.com.tw/webportal/schedule/ |
| 證券櫃檯買賣中心 | https://www.tpex.org.tw/web/ |

## 第五節
# 股票可以開源，也可以節流

巴菲特說：「我一直認為自己一定會變得富有，這個想法我始終深信不疑。」因為他懂得複利的力量，不斷的將股利轉入本金，本金又產生股利。

不要以為你的股利金額很小就輕視它，說不定它的貢獻度很快就能追上你薪水的貢獻度。因為薪水在扣除食、衣、住、行、勞健保費之後，可以拿來儲蓄的可能所剩不多，而股利是多出來的收入，它不需要像薪水一樣被扣東扣西，可以全數貢獻出來累積存款。

舉例來說，假設年薪 50 萬元，扣除每個月必要的生活支出 2.5 萬元以後，一年只剩 20 萬元可以存起來，如果此時一年的股利收入有 10 萬元，儲蓄力立刻增加 50％，等於有 1.5 個你在上班賺錢！

因此，首先請把存錢的習慣改為存股，這時很多人會說沒錢，但實際上大家只是把錢都存在銀行了，只要把銀行的錢轉到股票來，就是一大活水。即使是真的沒有資金能夠存股，也不要氣餒，現在可以零股交易，只有幾千元也能買進股票，一樣有股利可領，如果幸運買到像陽明（2609）這樣的景氣成長股，在股價 6 元時低價買進，等到漲至 160 元時，一張成本 6,000 元的股票，即變成 16 萬元。

## 積極開源很棒，但要小心陷阱

在巴菲特的傳記裡，可以看到當他還只是個孩童時，就已經設法賺錢，從無到有，慢慢的累積財富，像是他當了多年的送報生，還買過彈珠臺寄放在理髮店裡，讓等候理髮的人玩，等賺到錢之後再買更多的彈珠臺。

巴菲特這種積極賺錢的精神很值得學習，所以年輕人打工賺錢，辛苦一點沒關係，擺地攤、發廣告、暑期打工都是很棒的事情，遇到問題時主動向師長或同輩請教、尋求協助，往往會有意想不到的收穫，千萬不要畏懼不前，或認為是羞恥的事。

不過社會上壞人很多，一定不要被引誘做賠錢生意，或是做有工安疑慮或不合法的工作，以免誤入歧途，或留下人生汙點。

被引誘做賠錢生意最常見的就是參加老鼠會，參加者會被要求買進一堆商品，最後卻賣不出去，賠上自己的錢。有些老鼠會雖然不會要求購買商品，但會要求吸收下線、推銷商品，有業績壓力。也絕對不能向地下錢莊借錢，如果被小廣告、網路引誘而向地下錢莊借錢，可能會變成走入痛苦的人生。

另外，輕忽開店的風險，也很容易賠錢，常見在臺北熱鬧的大街上開茶飲料店，不久就關門，賠上設備費、裝潢費、押金等，這是因為收入很難支應昂貴的商店租金和高額的人事成本。

只要正向思考、正直做事，每個人都有無限遠大的成就可能。做一位誠實、信用、善良、賢明，受人信賴的人。王永慶說：「天下沒有容易做的事，也沒有做不成的事」，確實如此。

如果你的個性天生就喜歡負面思考、容易受負面新聞影響情緒、天天抱怨，說起事來沒有一件事情是樂觀的，這當然不好，

就必須自己多修煉，例如多閱讀，多看企業家如何克服困難，學習正面思考，克服天性的弱點。任何人都會經歷有難題的日子，並因而成長，這正是值得感恩的人生。

## 增加收入不能亂投醫，穩定工作是最上策

很多人為了增加收入，會去參加直銷、老鼠會，或是購買儲蓄型保單、投資型保單、貨幣、基金、紀念幣、期貨、權證、選擇權等，這些投資項目都比股票危險。

以基金來說，國人購買國內、外基金合計好幾兆元，基金產品絕非只賺不賠，媒體上可以看到許多基金賺錢的資訊，但很可能是基金公司的置入性行銷，他們從數萬種基金中挑選出最績優的部分公布出來，至於績效差的就看不到了，如果已經定期定額多年，累積到大數目，只要市場來個大震盪，你的基金就會由盈轉虧了。

另一種國人大量購買的是儲蓄型保單、投資型保單，這些也是不宜多買的投資產品。儲蓄型保單在簽約之後，為了履行保單義務，必須連續多年繳出大筆保費，若沒有按時繳款，就會面臨違約的損失。而投資型保單是將保費中一大部分金額授權保險公司幫保戶投資，但投資成敗都算是保戶的成敗，且實務上以失敗虧損居多，雖然看似不合理，但這種保單的合約規定就是如此。而且，目前是低利率時期，相同條件的保單，保險公司現在設計出來的保單價格，比起較高利率的時期昂貴很多。

想要增加薪水，祕訣之一就是不要頻繁的換工作，因為會吃不少虧，像是年資會從頭開始算起，想晉升需要更長時間；新進

人員因為任職時間不夠長，通常也拿不到好的考績獎金，或甚至沒有考績獎金，而年終、全勤、工作獎金等福利，也都會受到影響。

 投資小故事

## 關於退休金

　　我在國營事業服務 34 年，退休時，公保的老年給付可以選擇一次領或者按月領，因為年資夠久，一次領大約有 180 萬元，按月領只有 23,500 元。

　　以我個人來說，投資的資歷甚久，績效算是穩健，理論上是將 180 萬元一次領出，然後投入股市，這樣的利益比較大，但實際上，我還是很珍惜按月領的穩定收入，所以選擇了按月領。

　　勞保方面，大家要多留意自己的權益，因為 5 人以下小企業的老闆可以不須替員工辦理勞保，很多人因此變成勞保孤兒，如果一直都在這樣的小企業工作，年輕時沒有累積勞保年資，將來年老就會沒有老年給付。

　　這種情況下，勞工可以加入職業工會的方式加保勞保，年資累積及給付條件都與一般透過公司加保相同，年資在 15 年以上的人，也可以選擇按月領。

## 賺股利還有機會退稅，政府幫你開源

　　「有所得就必須課稅」，這是基本道理，而股東收到公司配發的股利，也是一種所得，理論上是要課稅。不過，公司配發的股利又分為「現金股利」與「股票股利」兩種，其中股票股利是「盈餘轉增資」而發給股東股票，配股後股東的持股數量增加，而「每股淨值」減少了，投資人的「權益總和」並沒有增加，除權後第二天掛出的「參考價」也會跟著降低，理論上並無「所得」不應課稅，但稅法規定仍是要課稅，這是投資人吃虧的地方。

　　但是，我國綜合所得稅對股利所得有一個很特殊的設計，能讓綜合所得較低的人不但不用課稅，還可以退稅，最多可退 8 萬元，等於是存股的一項獎勵。

　　也就是說，同樣是股利所得，在綜合所得較高的人來說，即使有 8.5％的抵稅額，但因為稅率比較高（年所得 1,210,001 元至 2,420,000 元，稅率為 20％；年所得 2,420,001 元至 4,530,000 元，稅率為 30％；年所得 4,530,001 元以上，稅率為 40％）的關係，必須多繳稅，等於股利被稅吃掉了一部分，所以會傾向在除權前先賣出（棄權）；但綜合所得較低的人，卻因為可以退稅，等於享有較高的股利，是一項獎勵，所以不需要考慮棄權的問題。

　　假設某甲有配偶，兩人都已退休，薪資所得 0 元（退休是免稅所得），股利所得 40 萬元，則綜合所得總額為 40 萬元，減除免稅額 17.6 萬元、標準扣除額 24 萬元之後，綜合所得淨額為 0，即免稅（40 萬元—17.6 萬元—24 萬元＝ -1.6 萬元，綜合所得計算為負數，以 0 元計）。在股利所得按 8.5％退稅之下，除了不

須繳稅之外，還可退稅 3.4 萬元（40 萬元 ×8.5% ＝ 3.4 萬元）。

## 價差收入免課稅，政府再幫你節流

　　個人買賣股票的價差，在稅法上稱為「證券交易所得」，這也是一種所得，所以理論上也必須課稅，稱為證券交易所得稅（與證券交易稅不同），目前美國有在課徵證券交易所得稅，但臺灣在多次納入課稅的修法過程都遭受阻力，所以目前是「停徵」中，也就是免稅。

　　既然買賣股票的價差不須交稅，投資股票當然是不錯的主意，但還是要留意證券交易稅（簡稱證交稅）和手續費。有一位熱衷於當沖的投資人，以為自己當沖的結果有賺錢，沒想到扣除證交稅和手續費之後居然變成賠錢。

　　證交稅是賣出持股時需繳交成交金額的 0.3%，手續費則是買進及賣出時都要繳交成交金額的 0.1425%（各券商有不同的優惠），如果每次賺到的價差很少，扣除這兩項費用後，有可能不賺反賠。

## 股票買賣稅費多，減少支出有 7 招

　　由於要充裕全民健康保險財源，依照補充保險費辦法規定，若有現金股利、獎金、利息所得、租金收入等 6 項收入，單次給付超過 2 萬元時，自 2021 年起須扣取 2.11% 的健保補充保費。

　　投資人若不想落入被扣取健保費用的範圍，可考慮不參加除權（棄權），或在除權前自行調配持股數量，避免單一個股的現金股利超過 2 萬元。例如持有元大金（2885）50 張，每股現金

股利 1.2 元，股利收入應為 60,000 元，但證券公司會先扣取補充保費 1,266 元，只把剩下的 58,734 元匯入投資人的帳戶。

補充保費金額：**60,000 元 ×2.11% ＝ 1,266 元**

投資人真正收到的金額：**60,000 元—1,266 元＝ 58,734 元**

想要合法節省股票買賣的稅費，我歸納出以下方法，共有 7 種，實務上可自行斟酌如何處理較為有利：

- 證券交易稅節稅：減少交易次數。
- 綜合所得稅節稅：（1）不參加除權；（2）購買不配息的指數型 ETF；（3）所得較低者可以參加除權，因為目前稅法有退稅優惠。
- 節省手續費：（1）減少交易次數；（2）利用電子下單享有券商提供的折讓。
- 節省補充保費：不參加除權，或避免單一個股的現金股利超過 2 萬元。

## 買股票千萬別「融資」

有些人想要買股票，但本金不夠，就會想要借錢投資，也就是融資，這是非常危險的決定，因為融資除了利息高之外，最危險的是在股市下跌時，容易被斷頭，造成投資人血本無歸，再加上很多人不知不覺把股市當成賭場，既然是在賭博，那更是絕對不能融資買股票。

有網友說，他在萬海（2615）股價 340 元時以融資買進，當

時他自備款40%（13.6萬元），向券商借款60%（20.4萬元）。那時航運股熱到最高點，即使價格很高，但因為行情太迷人了，很多人這樣做都賺錢。

不料，過不了多久就開始風雲變色，僅僅8個交易日，萬海（2615）的盤中股價最低只剩下235.5元，因為他的融資維持率已經太低，假設之前未能及時出場或補足保證金，就會被券商斷頭賣出。一旦被斷頭，股款收入須扣除借款、證交稅0.3%、買進及賣出的手續費各0.1425%、融資利息（年利率6%，共8天），整體算下來本金幾乎全數虧損。這一波造成虧損的不只是這位網友，從萬海（2615）的融資餘額也迅速減少來看，表示有很多融資戶受傷退場。

但目前利息低、股市火熱，確實會讓人躍躍欲試，真的不能融資買股票嗎？我認為，如果你已經有多年的投資經驗，具有相當的投資功力，而且是採用價值投資的保守做法，是可以考慮借錢投資，但有兩個條件：第一，金額不要太大；第二，必須是中、長期且利率低的借款。

〔圖表 6-6〕萬海（2615）日線圖

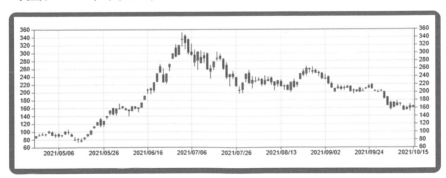

　　我個人的經驗是，曾參加公司福利會舉辦的「7 年期信用貸款」，約定從薪水扣款還款，而且還款金額有上限（每月扣回給公司福利會的還款金額，不能超過薪水的三分之一），這種低利率的 7 年期貸款，就算經濟狀況再差也不至於影響正常生活，拿來投資穩健的股票尚可考慮。

## 股票質押貸款，有利也有弊

　　買進股票後，股票就是個人資產，可以作為貸款的抵押品，很多銀行就有辦理股票質押貸款，這種貸款期限通常是一年期，但期滿後銀行都會讓客戶一直展期，所以也等於是一種中長期的貸款。用抵押股票來貸款有很多缺點：

　　1. 已設定抵押的股票在取消抵押前不能賣出，失去彈性。

　　2. 能夠貸到款的金額沒有想像的多，上市股票只算市價的 6 成、上櫃股票只算市價的 5 成，**指數型 ETF 則不能貸款**。也就是說，投資人想貸到 100 萬元，大約需準備市值 200 萬元的股票，而這些股票會因為設定抵押變得不能動彈。這時你的總資金雖然增加到 300 萬元，卻會因為設定了抵押 200 萬元，而只剩 100 萬元的股票能靈活買賣。

　　3. 銀行會隨時計算設定抵押的股票市值，如果股市發生大幅度下跌，設定抵押的股票同步下跌到某一程度，銀行就會通知你先償還一部份借款，或增加設定股票數量，否則銀行為了保住債權，也會賣出所抵押的股票。所以，在股市大跌的時候，投資人一定要與銀行密切聯繫，確認如何處理借款及股票。

　　股票抵押貸款缺點很多，但也有比較正向的特點，就是已設定抵押的股票失去買賣彈性，但這些股票還是在幫你賺股利，假設這些股票的一年報酬率是 5％，扣除貸款利率 2％，可以獲得 3％的利潤。而且，這些股票不能隨意買賣，具有強迫存股的效果，放個幾年股價大漲後再賣，也許能賺到一大波段。

 **投資小知識**

## 證券公司的「不限用途借款」

　　人難免會有急需用錢的時候，目前有證券商開辦「不限用途借款」服務，貸款核貸迅速、隨借隨還，有急需狀況時可以斟酌，但利息較銀行高出許多（約 6％），並不適合作為長期借款。

## 第七章

# 存股不能忽略的
# 好夥伴──
# 指數型 ETF

在我看來，每日交易就像傻瓜一樣，那是投機
的行為。

──指數型基金教父 約翰·柏格
（John C. Bogle）

# 第一節
# 顧不到的產業領域，
# 指數型 ETF 幫你補強

指數型 ETF 具有化繁為簡、互補、安全、收益、便利等特性，可以作為投資人資金配置的一環。2021 年股市熱絡，投信公司不斷發行新的指數型 ETF 標的，加上過去操作過指數型 ETF 的投資人，發現它確實是個不錯的投資工具，推動受益人數攀升至逼近 279.6 萬人的盛況（見圖表 7-1）。

指數型 ETF 的化繁為簡特性，在於例如半導體企業包括晶圓製造、代工、IC 設計、封裝等，廠商眾多，投資人想要買進相關股票，很難逐一深入了解它們，但是只要買進一檔追蹤「半導體」產業的指數型 ETF，就可以克服這樣的困難，這支指數型 ETF 會成為投資人參與半導體企業的管道。

目前台股中，已經有很多檔半導體產業的指數型 ETF，例如中信關鍵半導體（00891）、富邦台灣半導體（00892），而國泰台灣 5G+（00881）、富邦科技（0052）等，雖然不以半導體為名，但成分股裡的半導體含量不少。

不僅是半導體產業如此，其他科技類股也是如此，電動車崛起後，能夠帶動包括電池充電系統、車身系統、動力系統、安全偵測系統等，相關公司將近 100 家，投資人若想要投資電動車產業，很難一一深入了解各公司的商機及價值，化繁為簡的方法，

就是買進電動車相關的指數型 ETF，目前國泰投信的國泰智能電動車（00893）就是以全球電動車相關企業為範圍，成分股涵蓋 30 家。

另外，富邦未來車（00895）、中信綠能及電動車（00896）也是電動車 ETF。其中，中信綠能及電動車（00896）由 50 檔個股組成，以本國上市上櫃公司為主，且涵蓋「綠能」特色的公司。

電子股範圍廣大，也是同樣的道理，例如經濟日報曾報導 2021 年最夯的八大科技股，包括 WiFi 6、3 奈米製程、量子電視、固態電池、Mini LED、多鏡頭手機、5G 專網應用等，相對應的廠商好幾百家，投資人想要參與產業，最簡單的方法就是買進電子股相關的指數型 ETF，例如台灣 50（0050）、富邦科技（0052）等。

〔圖表 7-1〕ETF 受益人數攀升圖

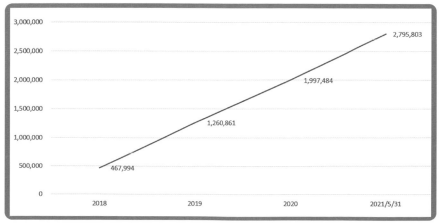

（資料來源：CMoney）

## 能夠補強布局的缺口

許多投資人的布局是以金融、傳產為主，電子股則持有不多，在類股成交比重不均衡之下，僅持有金融、傳產的投資人，績效上可能會不如預期，此時，增加電子類指數型 ETF 持股作為「互補」，就可彌補你缺少電子股的布局。

例如 2020 年，台股的電子類股成交比重經常高達 75％以上，甚至高達 80％，其中屬於半導體類股的比重也偏高，如果不熟悉這些熱門的科技產業而沒有持股，錯失了獲利，就可以買進一些電子類指數型 ETF 來補強。

## 切入高價股的好幫手

〔圖表 7-2〕台股成交值比重概要（以 2020 年為例）

| 類股 | 成交比重 |
| --- | --- |
| 電子 | 74.61% |
| 金融 | 2.30% |
| 電機機械 | 2.37% |
| 航運業 | 2.94% |
| 塑膠 | 2.17% |
| 營造 | 1.36% |
| 化學生技 | 1.94% |
| 其他 | 12.31% |
| 合計 | 100% |

　　台股有所謂「7 千金」、「10 千金」，意思是股價高達 1,000 元的股票已經有 7 支、10 支了。想買進「千金」股大立光（3008）、矽力 -KY（6415）、信驊（5274）、祥碩（5269）、譜瑞 -KY（4966）、旭隼（6409）、亞德客 -KY（1590）等，一張至少就要 100 萬元，而且高處不勝寒，風險不小，投資人若無十足把握，通常不敢貿然買進，就怕陷入不必要的風險。例如宏達電（2498）股價曾經風光到 1,300 元，後來跌到 40 元，可見高價股的風險很大！

　　此時買進指數型 ETF 就相對安全且便利得多，因為股票型的指數型 ETF，就等於是一支大艦隊，這個大艦隊由 30 支、50 支，甚至更多的個股所組成，是一個龐大的組合。當股價急跌時，眼看很多股票都跌到了想進場的價位，卻不知道該買哪一支比較好，而且一支一支的買，需要很多資金，此時買進指數型 ETF 就是很好的選擇，因為一支指數型 ETF 等於 30 支、50 支成分股，需要的資金大幅減少，這就是它的安全性與便利性。

## 但指數型 ETF 也有缺點……

　　也許有人會認為指數型 ETF 是穩賺不賠的，但事實並非如此，而且已有不少殘酷的事實擺在眼前，它不只會虧損，甚至有 33 檔已經下市。

### 指數型 ETF 也會下市

　　指數型 ETF 下市的主要原因是基金規模小，股票型的終止門檻為 1 億元，期貨型則大多是因為平均 30 日淨值低於 2 元而下

市，像是元大 S&P 原油正 2（00672L）、期富邦 VIX（00677U）都是，期富邦 VIX 在最後交易日的股價更是僅剩 1.47 元，投資人虧損甚鉅。

而元大 S&P 原油正 2（00672L），曾是臺灣首檔原油期貨槓桿的指數型 ETF，發行價格為 20 元，但由於淨值重挫至 2 元以下，最終難逃下市的命運，雖然下市後會清算淨值分配給投資人，但由於淨值已經很低了，根本補償不了多少，投資人的損失依然很大。

圖表 7-3 是 6 檔已下市的指數型 ETF，前 4 檔是因為規模低於 1 億元而下市，第 5 檔及第 6 檔則是因為淨值低於 2 元。

〔圖表 7-3〕6 檔已下市指數型 ETF 名稱及下市原因

| 指數型 ETF 名稱 | 代號 | 下市時間 | 下市原因 |
|---|---|---|---|
| 國泰日本正 2 | 00658L | 2020 年 2 月 4 日 | 規模低於 1 億元 |
| 國泰日本反 1 | 00659R | 2020 年 2 月 4 日 | 規模低於 1 億元 |
| FH美國金融股 | 00767 | 2020 年 5 月 5 日 | 規模低於 1 億元 |
| 新光 ICE 美國權值 | 00776 | 2020 年 8 月 11 日 | 規模低於 1 億元 |
| 元大 S&P 元油正 2 | 00672L | 2020 年 11 月 13 日 | 淨值低於 2 元 |
| 期富邦 VIX | 00677U | 2021 年 6 月 3 日 | 淨值低於 2 元 |

### 指數型 ETF 並非穩賺不賠

元大台灣 50 反 1（00632R）這檔指數型 ETF，在 2021 年 10 月 25 日的收盤價格為 5.57 元，它從發行價 20 元開始幾乎就是一直跌，只有 2020 年 3 月股災時曾經風光反彈一段。

〔圖表 7-4〕元大台灣 50 反 1（00632R）月線圖

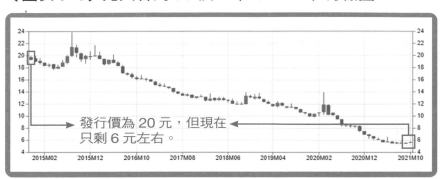

發行價為 20 元，但現在
只剩 6 元左右。

當然還是有收益不錯的指數型 ETF，像是新光內需收益（00742），發行價為 20 元，2021 年 10 月 25 日的收盤價為 22.91 元，股價漲幅普通，成交量也少，但連續 3 年配息 1 元左右，相對於發行價 20 元，殖利率約 5％，是一檔收益穩定的 ETF。

新光內需收益（00742）的成分股以臺灣內需產業為主，例如台泥（1101）、亞泥（1102）、三大電信股、裕日車（2227）、和泰車（2207）、統一（1216）、統一超（2912）、豐興（2015）、裕融（9941）等 30 檔績優股，雖然也包含科技股如精誠（6214）、超豐（2441）、台勝科（3532），由於持股量較低，因此在 2020 年台股以科技股為漲升核心之際，這些內需產業股價沒有受惠，這檔指數型 ETF 的漲幅也就相對偏小。但到了 2021 年，科技類股漲多休息的時候，它的績效反而相當亮麗。

新光內需收益（00742）的績效普通，但由於成分股都是優良企業，所以也具備一些優勢：

- 每年股利不錯，所以作為投資人的定存股，或是退休族群當成現金流來源，都是很好的選擇。

- 由於成分股容易出現股利效應，也就是每年3月至6月時，績優股票常會因為股利消息而上漲，由它們所構成的指數型 ETF 也容易隨之上漲。

- 由於國際商品、食品、鋼鐵等價格上漲，若是投資人的布局稍有改變，由電子股轉向高殖利率股的話，則新光內需收益（00742）也有機會漲價。

〔圖表 7-5〕新光內需收益（00742）配息狀況

| 現金股利發放日 | 現金股利 |
|---|---|
| 2021 年 1 月 29 日 | 1 元 |
| 2020 年 2 月 14 日 | 1 元 |
| 2019 年 2 月 14 日 | 0.95 元 |

# 第二節
# 指數型 ETF 的布局思考

　　基金主要分為「主動型基金」和「被動型基金」，挑選主動型基金時，不能只拿過去的年度績效作為唯一參考，因為上一年績效前茅的基金，次年的績效往往慘不忍睹，所以，主動型基金上一年績效排名的參考價值甚低，這種方法不足取。

　　但指數型 ETF（被動型基金）不同，它們的成分股變動很小，績效不會在短短一年內就有巨大的變動，所以，過去的年度績效是有參考價值的。目前台股已有很多股票原型的指數型 ETF 掛牌，要投資基金的話，不妨以這些 ETF 為標的。

## 以高股息為核心的布局

　　從存股的想法延伸到指數型 ETF，許多投資人也喜歡高股息、高殖利率的標的，但多觀察之後就會發現，這些指數型 ETF 的上漲速度，比起標榜追蹤高科技產業的指數型 ETF，還是差了一些。以下是 8 檔股息及殖利率都不差的指數型 ETF，可以參考：

1. 元大高股息（0056）
2. 國泰股利精選 30（00701）
3. 元大台灣高息低波（00713）
4. FH 富時高息低波（00731）
5. 富邦臺灣優質高息（00730）
6. 國泰永續高股息（00878）

7. 新光內需收益（00742）

8. 兆豐藍籌 30（00690）

## 以台積電為核心的布局

投資人想享有台積電的光彩，如果資金不夠，買不起一整張，可以從零股開始，若是也不想買零股，就可以選擇成分股中台積電含量較高的指數型 ETF，包括富邦科技（0052）、台灣 50（0050）、元大電子（0053）、富邦台 50（006208）等都是選項。（見圖表 7-6）

〔**圖表 7-6**〕**台積電含量較高的指數型 ETF**

| 指數型 ETF 名稱（交易代號） | 股價 | 台積電占比 |
|---|---|---|
| 富邦科技（**0052**） | 125 元 | 67.19% |
| 台灣**50**（**0050**） | 137 元 | 47.96% |
| 元大電子（**0053**） | 66 元 | 42.35% |
| 富邦台**50**（**006208**） | 79 元 | 40.25% |

註 1：股價為 2021 年 10 月中的價格。
註 2：台積電的占比會隨著台積電的股價而變動，並非固定。

## 以市值前 50 名為標的的布局

台灣 50（0050）於 2003 年 6 月 30 日以 36.98 元上市，如今價格已經達到 137 元，績效卓著，是台股中知名度最高的指數型 ETF。（見圖表 7-7）

富邦台 50（006208）於 2019 年 5 月 3 日上市，發行價格為 15 元，成分股與台灣 50（0050）相同，走勢也相同，目前股價已

〔圖表 7-7〕台灣 50（0050）走勢圖

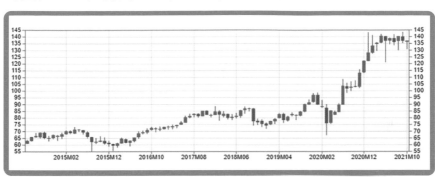

到 79 元。因為富邦台 50（006208）的特性與台灣 50（0050）相同，股價卻便宜許多，所以是許多投資人青睞的一檔標的。

## 以小型科技股為標的的布局

　　台股上櫃市場中有許多小型的科技股，因為股本小、獲利高、股價也高，比較適合用指數型 ETF 投資。例如在 2011 年 1 月 27 日上市，發行價格為 15 元的元大富櫃 50（006201），就是以富櫃 50 指數的股票作為成分股，目前股價約 23 元，投資人可留意。（見圖表 7-8）

〔圖表 7-8〕元大富櫃 50（006201）走勢圖

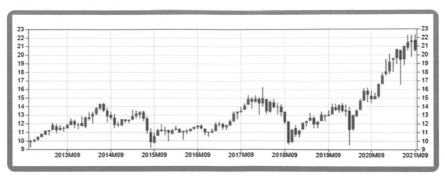

## 以穩健大型股（藍籌股）為標的的布局

兆豐藍籌 30（00690）上市日期為 2017 年 3 月 31 日，是以台股藍籌 30 指數的成分股為基礎，挑選的個股必須兼顧大型公司、業績優良、股利豐厚這 3 項特質。

兆豐藍籌 30（00690）的股價表現穩健，過去 4 年總共已配息 3.43 元，加上目前股價約 34.5 元，總共是 37.93 元，相較於發行時的價格 20 元，已經成長 89.65％，績效良好，但仍要提醒一句：「過去的績效，並不能保證未來的績效。」

〔圖表 7-9〕兆豐藍籌 30（00690）配息情形

| 年度（實際配息年度） | 配息金額 |
|---|---|
| 2017 年 | 0.81 元 |
| 2018 年 | 0.66 元 |
| 2019 年 | 1.12 元 |
| 2020 年 | 0.84 元 |
| 合計 | 3.43 元 |

## 以臺灣發行、外國股市為標的的布局

市場中也有不少追蹤外國股市的指數型 ETF，想要布局國際，可以參考下列標的：

- 國泰美國道瓊（00668），2016 年 10 月 17 日上市，發行價格 20 元。
- 元大 S&P 500（00646），2016 年 10 月 17 日上市，發行價格 20 元。

- 富邦 NASDAQ（00662），2016 年 6 月 17 日上市，發行價格 20 元。
- 國泰費城半導體（00830），2019 年 5 月 3 日上市，發行價格 15 元。
- 國泰臺韓科技（00735），2018 年 6 月 11 日上市，發行價格 20 元。
- 國泰中國 A50（00636），2015 年 4 月 1 日上市，發行價格 20 元。
- 富邦越南（00885），2021 年 4 月 19 日上市，發行價格 15 元。

其中較特別的是富邦越南（00885），它是一支新的標的，以新臺幣計價，追蹤的是越南前 30 大市值的龍頭股票。由於越南的經濟急速發展，股市漲相不錯，但直接投資越南有許多困難，包括：越南有外匯管制，資金進去容易、出來困難；臺灣的一般投資人對越南的個股幾乎是完全陌生，很難選股，且買進個股時必須投入大筆資金，也會有所疑慮而不敢貿然投入。

想要布局越南市場，透過富邦越南（00885）是個管道，完全不需要跨國開戶、換匯、研究個股，買進一張就等於投資了 30 檔越南的龍頭股，對投資人來說是一項不錯的選擇。不過富邦越南（00885）沒有配息，成分股中，房地產業與金融業約占 5 成，投入資金前可以多參閱說明書並留意風險。

〔圖表 7-10〕7 支外國指數型 ETF 一年期間的表現

| 指數型 ETF<br>名稱及代號 | 2021 年 10 月<br>26 日收盤價 | 2020 年 10 月<br>26 日收盤價 | 1 年間<br>上漲幅度 |
|---|---|---|---|
| 國泰美國道瓊<br>（00668） | 36.0 元 | 29.14 元 | 23.54 % |
| 元大S&P 500<br>（00646） | 39.12 元 | 30.19 元 | 29.58 % |
| 富邦NASDAQ<br>（00662） | 55.80 元 | 43.13 元 | 29.38 % |
| 國泰費城半導體<br>（00830） | 29.98 元 | 21.45 元 | 39.77 % |
| 國泰臺韓科技<br>（00735） | 31.39 元 | 25.37 元 | 23.73 % |
| 國泰中國A50<br>（00636） | 25.79 元 | 24.59 元 | 4.88 % |
| 富邦越南<br>（00885） | 16.54 元 | （上市未滿 1 年） | （上市未滿 1 年） |

註 1：過去的績效並不能保證未來會有同樣的績效。

註 2：上表各外國指數型 ETF 都不配息。

註 3：取不同的期間（例如 3 個月、6 個月、1 年、3 年），上漲幅度會得出不同結果，本表以一年期間作為比較，僅供參考。

## 關於指數型 ETF，還有這些可以多注意……

過去一年美國及臺灣股市繁榮，上漲幅度甚大，帶動個股及指數型 ETF 大幅上漲。但股市行情總是不斷變化，所以，過去的良好績效，並不能保證未來會有同樣的成果，投資人千萬不能因為過去的獲利很好，就忘記了危機意識。

## 別碰太複雜的標的

現在市場中的指數型 ETF 商品已日趨複雜，投資人應該化繁為簡，盡量以股票原型的指數型 ETF 為投資標的，這類型的標的在國內外股市已有非常多檔，無須冒險嘗試複雜、不懂的標的，像是槓桿型、反向型、債券型、期貨類型的 ETF。

而且，在投資指數型 ETF 時，別忘了市場中仍有很多優秀的個股，並未包含在指數型 ETF 裡，這些個股的殖利率也許比指數型 ETF 高，上漲機會也很大，所以個股的投資仍然是最重要的，用價值投資於自己熟悉的好標的，絕對不可忽視。

## 也是一項避稅工具

有許多投資人的綜合所得稅稅率很高，這種情況下，可以選擇不分配股利的指數型 ETF，因為這類型標的的獲利都增加在淨值，而目前買賣的價差（證券交易所得）不課稅，對於稅率高的投資人來說是有利的。

指數型 ETF 和股票一樣，除權當天的參考價，是把息值扣除，例如某支指數型 ETF 息值 1 元，除權前 21 元，除權參考價就是 20 元。稅率很高的投資人，可以選擇在除權前一天以 21 元賣出，而在除權日當天以 20 元買進，達到節稅的目的。當然，這樣會增加少許手續費和證交稅的支出，以及用價內賣出和價外買進所構成的摩擦成本，但比起綜合所得稅的稅率，應該還是比較划算。

### 布局國際的好管道

指數型 ETF 難免隨著股市波動，由於它是一籃子股票，所以，一般原型的指數型 ETF，韌性會比單一個股來得強，不容易變成壁紙，在波動過後又是一條好漢，所以逢低加碼往往是致勝之道。但是仍要強調一下，這裡所說的，是一般原型的指數型

〔圖表 7-11〕台股指數型 ETF 過去一年期間的表現

| ETF 名稱及代號 | 2021 年6 月 23 日收盤價 | 配息 | 合計 | 2020 年6 月 23 日收盤價 | 1 年間上漲幅度 |
|---|---|---|---|---|---|
| 富邦科技（0052） | 125 元 | 1.032 元 | 126.03 元 | 69.3 元 | 81.86% |
| 元大電子（0053） | 66 元 | 1.3 元 | 67.30 元 | 41.5 元 | 62.17% |
| 富邦台 50（006208） | 78.8 元 | 1.139 元 | 79.94 元 | 51.2 元 | 56.13% |
| 台灣 50（0050） | 137.05 元 | 3.75 元 | 140.80 元 | 89.45 元 | 57.41% |
| 元大高股息（0056） | 34.45 元 | 1.6 元 | 36.05 元 | 28.45 元 | 26.71% |
| 兆豐藍籌 30（00690） | 32.49 元 | 0.84 元 | 33.33 元 | 23.44 元 | 42.19% |
| 加權指數 | 17,503 點 | 500 點 | 18,003 點 | 11,661 點 | 45.81% |

註 1：配息過去的績效並不能保證未來會有同樣的績效。
註 2：取不同的期間（例如 3 個月、6 個月、1 年、3 年），上漲幅度會得出不同結果，本表以 1 年期間作為比較，僅供參考。
註 3：加權指數整體市場 1 年因除權息而減少的點數，估計為 500 點，予以加回，俾便比較。

ETF，不包括槓桿型和反向型的標的。

　　最後是，由國內投信發行，以美國 4 大指數、中國、日本、越南為標的，新臺幣計價的指數型 ETF 不少，由於也是在台股上市，交易方便，績效也都不錯，投資人若有興趣布局國際，也可以配置一些。

 **投資小知識**

## 槓桿型指數型 ETF、反向型指數型 ETF

　　**槓桿型的指數型 ETF**，是指這支指數型 ETF 會跟著所追蹤的標的漲跌，且幅度會是標的的倍數。若槓桿倍數是 2 倍，標的上漲 2％時，這支指數型 ETF 會上漲 4％；標的下跌 1.5％時，這支指數型 ETF 會下跌 3％。

　　名稱中有「正 2」的指數型 ETF，即是槓桿型的，像是群益臺灣加權正 2（00685L）、富邦臺灣加權正 2（00675L）、國泰臺灣加權正 2（00663L）、元大台灣 50 正 2（00631L）等。

　　**反向型的指數型 ETF**，可說是槓桿型的相反，即是當所追蹤的標的下跌／上漲時，這支指數型 ETF 反而會上漲／下跌，且一樣有倍數設定。名稱中有「反 1」的指數型 ETF，即是反向型，例如元大台灣 50 反 1（00632R）。

## 第八章

# 時間是優質股票的好朋友

永遠不必追逐電車和股票,只要耐心,下一趟一定
會再來。

——德國投資大師 安德烈·科斯托蘭尼
(André Kostolany)

# 第一節
# 時間之於投資，不只是等待而已

在股票投資的過程中，「時間」在很多方面都扮演重要的角色，一般投資人可能沒有特別的感覺，但成功的投資人就會特別重視它。

巴菲特說，無論是等待「好企業出現價格便宜的機會」，還是等待「已持有的低估股票價值回歸」，都需要時間與耐心，所以他大多數的時間都是在等待、等待、再等待。

時間也可以是股市一年運轉的基調，在年度結束時，代表營運績效的財報就在公司內部登場了，接著便是召開董事會、股東會、除權息、股利入戶等，一連串的重要戲碼。

如何讓時間成為投資的助力，有幾個原則及時間點可以特別注意：

## 月底股市表現與證券股的關係

有人買進、賣出股票以不超過 3 天而自豪，有人卻耐心的持有 1 年、3 年、10 年，甚至更久。當沖是「不留倉」，當天結清，存股則是強調放久一點，時間越長越顯現價值。

所謂股利效應，是指投資人對股利的「期盼」，會形成一段時間的股價上漲，通常會從年初開始醞釀，持續半年之久，到 7 月後逐漸結束。了解股利效應，可以及早買進優質的股票。

如果股市當月收長紅，證券公司的業績會比較好，就會帶動

證券股，在次月初走強的機率比較大。反之，如果當月收長黑，則證券公司自營部有可能出現「評價損失」，使得公司股價於次月初走弱。

　　證券公司的自營部通常都有庫存股票，每到月底就要和市價「評比」一次，如果庫存股票當初買進的價格比市價高，即使沒有賣出，也要計算差額，列為損失。所以，「證券股」的股價，除了受到成交量影響以外，也會受評價損失的影響。

## 股災發生時間對股價的影響

　　股市通常漲跌幅度不會太大，但也不可能每天都是風和日麗，隨著時間的推移，偶爾還是會發生股災。因為公司財報中有「金融資產評價」的列帳問題，股災所造成的評價損失，會影響損益表的盈餘，所以股災發生的時間，是判斷股價漲跌的因素之一，如果發生在一年的中間時段，也許年底前就反彈，金融資產的評價損失這時就可以回沖，對損益表影響不大；但如果是發生在年底，那影響就會非常大。

　　例如 2021 年 5 月 11 日及 12 日連續兩天爆量下跌，11 日上市加上櫃的成交量合計 8,081.24 億元，下跌 661.37 點。12 日上市加上櫃的成交量合計 8,922.2 億元，進一步下跌 688.65 點，兩天的成交量共 17,003.44 億元，跌掉了 1,350.02 點。這個跌勢對於有較多庫存股票的金控公司、證券公司來說，月底就有評價損失重大的問題，不過所幸是發生在月中，到月底時已經回升 1,166 點，所以問題不大。但如果是發生在年尾，殺傷力就大得多了。

　　同樣的道理，原物料也有評價的問題，如果國際原油及相關

產品出現暴跌情形，擁有大量相關產品庫存的塑化集團，在評價損失之下，股價也會受到影響。但發生時間在年中或是年尾，效果也一樣會有不同，若是在年度中間發生，在年度結束前反彈的機會大，若發生於年底，影響會比較大。

〔**圖表 8-1**〕台股上市大盤走勢圖

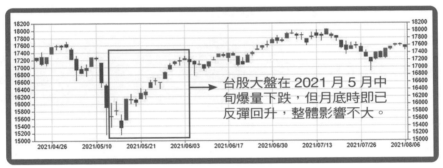

台股大盤在 2021 月 5 月中旬爆量下跌，但月底時即已反彈回升，整體影響不大。

（資料來源：台灣股市資訊網）

## 觀察財務報表的時間點

各公司必須在每月 10 日之前公布營業收入，可以從中分析公司的成長情形；季報必須在每季後 45 日內公布，盈餘資料則能看出公司的業績。

在分析財報時，也有時間點的問題須注意，以製造業來說，從接受訂單、安排製造、出貨（帳列營業收入，最後到公布財報，過程冗長，所以最了解公司未來業績的人就是經營階層，一般投資人必須等到公布財報才能得知業績，實際上是慢了好幾個月。而壽險、金控或證券等持有股票較多的公司，在 7 月及 8 月的除息熱季，因為股利收入增加，財報會比較漂亮。

## 台股放長假時

　　農曆春節期間，台股經常連放八、九天，但國際股市照常營業，由於台股受美股影響甚大，為了避免國際股市在長假中出現重大變數，導致台股收假後一開盤就遭受波及，可以考慮在長假前先賣出一點持股，保留現金在手上備用。

## 年底匯率的影響

　　年底匯率對於金融資產評價的影響最顯著，升值太多的話，會有重大匯兌損失，至於每月底及每季底匯率變動的影響，在年度結束前仍有機會沖回，較不擔心。

　　例如 2021 年 5 月 31 日美元對新臺幣的匯率是 1：27.64（1美元可兌換新臺幣 27.64 元），相較於 4 月 30 日的 1：27.91，升值了 0.97％，幅度不大，但從 2020 年 12 月 31 日的 1：28.095來計算，升值了 1.62％，幅度就比較明顯。不過 5 月份的匯率，到年終之前都還有機會回沖。

　　相反的，如果是貶值，就會有匯兌利益，對於外銷占比高、投資國外金融資產多的公司影響比較大。

　　除了美元之外，人民幣、日幣、巴西雷亞爾（BRL）、越南盾（VND）等各國的匯率變化，都會對有業務往來的企業造成影響。

## 融券最後回補日

　　除息或除權日期接近時，有融券的投資人必須在限期內回補，依規定，最後回補日是「停止過戶日前 6 個營業日」，融券

的投資人必須在這天（含）之前回補股票（可直接在證交所網站、券商或相關網站查詢回補期限，以免自己推算錯誤），而「融券回補」也是買盤的動力之一，會成為股價的支撐。

# 第二節
# 股價每天在走，
# 看懂買賣時機的眼光要有

買進價格被低估的好股票後，靜靜等待它向較高的價值靠攏，此時強調「耐心」的重要，從個股切入，買進機會很多。但若先入為主，一定要等到加權指數下跌至萬點以下，才去找買進機會，就會在「等待」中錯過機會。

對於投資人來說，「時間」的最直接意義，就是抓住買賣時機，創造更高的獲利。能夠掌握下面這幾個時機，投資績效會更勝一籌。

## 除權前股價若已被拉太高，賣！

股價漲太多就是利空，尤其是除息前，有些股票因為擁有很好的殖利率，往往會讓投資人失去戒心。例如神基（3005），2021 年 2 月初時股價為 48 元，因為現金股利擬發 3.5 元，殖利率 7.5%，看來是不錯的標的，在投資人的追價之下，一路大漲至除息前一天的 66.8 元，漲幅高達 39.17%。但就是因為漲太多，埋下了下跌的因子，除息當天就大跌。這種除權息前股價被拉得太高的情形經常出現，投資人在參加除權息前，要先注意股價是否已經大漲一波。

〔圖表 8-2〕神基（3005）股價走勢圖

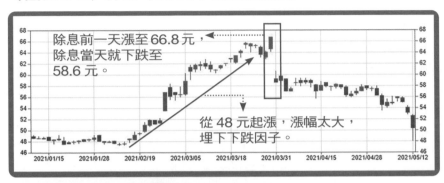

除息前一天漲至 66.8 元，除息當天就下跌至 58.6 元。

從 48 元起漲，漲幅太大，埋下下跌因子。

（資料來源：台灣股市資訊網）

## 現金增資的認購價如與市價差距太大，賣！

　　某公司辦理現金增資，在宣布認購價的那一天，每股的認購價格與市價相差 13 元左右，意味著每張可能有 1.3 萬元的套利機會。可以參與現金增資的人包括原股東（75％至 80％）、員工（10％至 15％），及中籤戶（10％）。

　　員工既然可以直接分配到股票，價差又那麼高，當然就先融券賣出，以後再回補；如果手上有現股，也可以先賣出一部分，等分配到股票之後，再回復原來的部位。原股東也是一樣，可以先賣一部分，以後再回補。能夠抽中的中籤戶是手氣好，通常都會一看到有價差就立刻賣掉。

　　這些都是造成賣壓的來源，股價因而慢慢向認購價靠近，所以當看到有現金增資的時候，如果發現認購價與市價的差距甚大，投資人應考慮先賣出。

## 避免長假變盤，可先小賣一些

因為心理因素的關係，台股的漲跌會受美國股市很大的影響，也就是說，如果台股休市期間很長，美國股市照常開盤，一旦美股大跌，有可能造成台股開紅盤也重挫。例如 2020 年 1 月 30 日台股農曆年長假後，雖然開紅盤，但收盤卻大跌 697 點，年前樂觀的氣氛一下被扭轉，之後還一路下跌，直到 8,523 點才展開大反彈。

這次大跌的原因，就是美國股市跌勢猛烈，其實台股很多個股的本質很好，一旦大跌，許多投資人都想低接，卻苦於沒有多餘的資金，很可惜。因此，如果你的股票部位已經接近滿水位、手中現金很少，遇到農曆過年這種長假時，可以在放假期先賣出部分股票，預備一些現金，萬一又來一次長假後的股災，就有資金逢低買進。

〔**圖表 8-3**〕台股大盤走勢圖

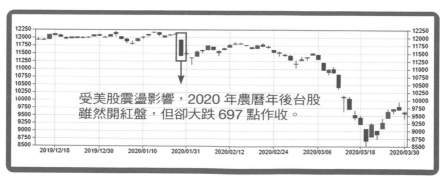

受美股震盪影響，2020 年農曆年後台股雖然開紅盤，但卻大跌 697 點作收。

（資料來源：台灣股市資訊網）

# 股價已經漲很多時，別等了，賣！

日本名人是川銀藏曾說，股票投資和養生一樣，「飯吃八分飽，沒病沒煩惱」，買進時不需要買到最低價，賣出時不需要賣到最高價。

我手上原有 3 檔已經買進很久的散裝航運股存股，參與配息好幾年，成本很低，2021 年航運股大漲，難得遇到這樣的大行情，我在漲到某個程度後就開始慢慢往上賣出，結果效果不錯。

〔圖表 8-4〕散裝航運股買賣案例

| 公司及交易代號 | 買進均價 | 配息總和 | 成本價 | 賣出均價 | 獲利 |
|---|---|---|---|---|---|
| 裕民（2606） | 22 元（2016 年 9 月買進） | 6.9 元 | 15.1 元 | 65 元 | 330.46% |
| 慧洋-KY（2637） | 29 元（2017 年 8 月買進） | 5.6 元 | 23.4 元 | 70 元 | 199.15% |
| 新興（2605） | 20 元（2017 年 8 月買進） | 2.8 元 | 17.2 元 | 40 元 | 132.56% |

當股價已經上漲很多，即使未來還有行情，也已經是賣出的時機，這 3 檔航運股已出售的部分平均獲利 220.72％，已經非常滿意，不需要羨慕別人賣更高。高賣出航運股之後，我將資金轉進開發金（2883）、永豐金（2890）、佳世達（2352）等基期較低的股票，打算再好好的持有一段時間。

## 想買更好的股票時別猶豫，賣！

當有很好的股票出現，投資人最常見的問題就是資金不足，其中一個方法就是用現有的股票轉換。

可以檢視一下手上持股，如果已經上漲很多、殖利率變得比較低，那就要考慮是不是換股。例如大台北（9908）是區域獨占、配息穩定的好股，18 元是很好的買點，但現在已經來到 34 元，早期買進的投資人可以選擇繼續領 1.1 元的現金股利，獲利依舊不錯，但如果有更好的標的出現，也可以考慮換股。

## 低檔時超前部署，買！

趁著低檔布局，持有一段時間後，當機會來臨，就逢高慢慢往上賣。我的持股中，裕民（2606）、慧洋 -KY（2637）、新興（2605）、新纖（1409）都是低檔布局，裕民 22 元買進、慧洋 29 元買進、新纖 10 元買進，後來都賣到不錯的價格。賣出後轉進低價的開發金（2883）、永豐金（2890）、佳世達（2352），再等待它們的上漲。

在成本的計算方面，如果近期就會除息（例如 1 個月以內），為了讓持有成本及殖利率更精準，可以將這次的配息從這次的買進成本減去。假設新保（9925）公布配息 2 元，且 2021 年 7 月 25 日為除息日，則 7 月 5 日（距離除息日 1 個月以內）以 38 元購買時，雖然成本是 38 元，但因為配息降低了購買成本，就可以將這筆的成本視為 36 元，而這檔股票近年都是配 2 元股利，所以投資報酬率可以這樣估算：

**2 元 ÷36 元 ＝ 5.56%**

又例如，開發金（2883）2021 年 6 月 29 日的價格 13 元，其中包含了現金股利 0.55 元，所以真正的成本是 12.45 元，由於它具有很大的成長性，我認為這個價位仍然便宜，所以加碼買進。

## 1 月份開始「股利效應」前，買！

前面說到每年的股利效應，是由投資人對股利的期盼而產生的一段上漲行情，發生的時間通常從 1 月份開始醞釀，持續半年之後，到 7 月份後就逐漸結束。了解股利效應，可以及早買進優質的股票，等待除權息的到來，或者在股價上漲後賣出，是投資人可以把握的買賣時機。

為了詮釋時機的重要性，我有一首歌謠：

**一月、二月春江水已暖，三月、四月熱情搏版面，**

**五月、六月股利佳音減，七月、八月資金動能差，**

**九月、十月不明多觀望，十一、十二月買妥待未來。**

歌謠的意思是，獲利佳的公司在股利效應之下，1 月、2 月時股價通常會慢慢上升；3 月、4 月董事會宣布股利後，媒體會大幅報導那些高獲利、高殖利率的個股，股價又會再進一步上升。6 月以後股利的消息逐漸減少，投資人對於股利消息甚至已經疲乏了，股利效應已接近尾聲；7 月、8 月除權息時節，反而出現許多貼權的股票和棄權的人，表示股利效應逐漸結束。

## 用第 3 季財報推估股價

第 3 季財報的最晚公布時間是每年的 11 月 14 日，因為它所

公布的是一個公司當年 75％時間的業績，可以用來推估次年的股價，但也有些公司因為淡旺季的關係，並不適合這樣推算。

　　推估公司全年的盈餘數額，並進一步推估其合理的價格，這樣通常可以得到有用的數據，但畢竟只是「推估」，運用數值必須謹慎，以免誤判。

　　例如，某公司一年 4 季的收入和盈餘都很穩定，假設前 3 季的財報盈餘是 3 元，就可以推估全年盈餘可能是 4 元。若檢視該公司往年配息率為 70％，則來年配息金額有可能是 2.8 元。因為具有收入和盈餘穩定的特性，就適合以配息金額的 20 倍推估其合理股價（即 5％殖利率），則合理股價估計為 56 元（2.8 元×20 倍＝ 56 元）。再把推估的合理股價與市價比較，如果市價才 40 元，中間差距不小，就可以列入買進的參考目標。

 投資小故事

## 把握「天時」，連玉米都可以沒蟲害

　　種植玉米，最頭疼的問題就是很多昆蟲喜歡吃它，所以農藥防治似難避免，但只要把握適當的「天時」，就可以沒有蟲害。

　　臺灣氣候溫和，我曾在 1 月初開始培育幼苗，約生長 80 天就可收成，這時害蟲還沒出來，所以沒有蟲害。蟲害大舉出動的時間是在每年「驚蟄」之後（驚蟄是 3 月 5 日或 6 日），這時我的玉米差不多收成啦。

　　這是一個把握「天時」的例子。

## 第九章

# 你必須知道的
# 重要觀念及名詞

投資操作就是基於透徹的分析，確保本金的安全並能獲得滿意的回報。不能滿足這個要求的操作就是投機。

——價值投資之父　班傑明・葛拉漢
（Benjamin Graham）

## 第一節
# 便宜價 vs. 低價位

股票的「便宜價」是指某一檔股票的「價格」和它的「價值」比較，出現價格明顯低於價值的情形，而且這個價格是在「合理價格」的 8 成以下。

例如新保（9925）的合理價格估計為 40 元，當股災時，價格掉到 32 元，投資人在此時買進，可望每年獲得 6.25％的報酬率，這就是便宜價。不過，定存股的合理價及便宜價容易估算，但其他不同股性的股票則多半不容易估算。

「低價位」的股票範圍相當廣，一般是指 50 元以下的股票，其中也包含 15 元以下的銅板股，因為價格比較親民，容易吸引散戶。在優質股票處於低價位時買進，假以時日，常可獲得很不錯的績效，例如我很久以前買進的裕融（9941，19 元買進）、福興（9924，18 元買進）、祺驊（1593，30 元買進）、花仙子（1730，30 元買進）、裕民（2606，22 元買進），現在這些股票都已經遠離「低價位」的範圍。

銅板股有許多會鹹魚翻身，甚至讓你瞠目結舌，為當年沒有買進而後悔不已，例如航運股的陽明（2609）從 6 元漲到 234 元，面板股的友達（2409）從 8.7 元漲到 35 元，但也有些低價股只是苟延殘喘，最後會走上消逝的路途，更多關於銅板股的說明，可以參閱第五章。

〔圖表 9-1〕花仙子（1730）股價走勢圖

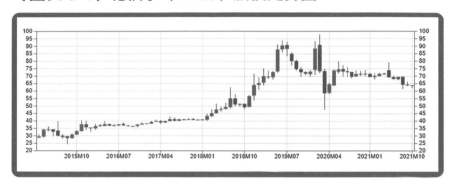

（資料來源：台灣股市資訊網）

〔圖表 9-2〕祺驊（1593）股價走勢圖

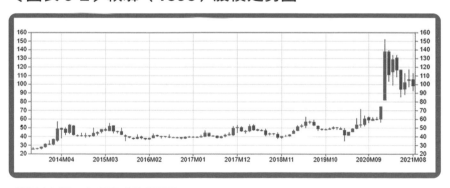

（資料來源：台灣股市資訊網）

## 第二節
# 權責發生制 vs. 現金收付制

營利事業的會計基礎分為「權責發生制」與「現金收付制」兩種。現金收付制是指，公司在「實際」收入及支付現金時，認列收益及費用入帳的制度。獨資或合夥的事業，可以因為原有的習慣，或者因為營業範圍比較狹小，向稽徵機關申報採用現金收付制。

權責發生制則是指，公司的收益及費用，在確定「應該」收取及支付時就入帳。凡是公司組織的營利事業，都應該採用這個會計基礎來處理帳務，所以，上市、上櫃公司都一律採用權責發生制。

例如，出售商品或提供勞務時，要列為營業收入的時間點，在權責發生制下是以完成交貨（所有權轉移）或提供勞務完畢時，帳列「應收帳款」；但在現金收付制下，是在收到及支付現金時列帳，兩者的「營業收入」及「盈餘」歸屬的年度會出現差異，所以，兩種會計基礎列帳出來的結果差別會很大。

## 認列營收的時間差是做假帳的空間

整體看來，權責發生制的優點較多，但也並非沒有缺點，有些公司做假帳，就是利用它不須等到實際收取到現金（貨款），就能認列「營業收入」的特性來虛增收入，把不存在的「營業收入」記入帳裡，減掉銷貨成本，盈餘就跟著虛增出來。這樣虛增

的收入不會有實際現金進帳,所以應收帳款餘額會一直留在帳上,因此,一旦看到應收帳款餘額太大的公司,就要特別留意它的盈餘是否真實。

另外,營業收入的對應會計科目是應收帳款,在應收帳款轉為現金(銀行存款)之前,盈餘增加的數額並不等於現金(銀行存款)增加的數額。也就是說,即使今年公司綜合損益表上的盈餘很多,但資產負債表上的現金可能不多,因為有些應收帳款會在之後才轉為現金。

同樣的道理,購買商品、增加庫存的對應會計科目是應付帳款,在應付帳款從現金(銀行存款)支付出去之前,庫存增加的數額並不等於現金(銀行存款)減少的數額。也就是說,即使今年公司資產負債表上的存貨增加很多,但資產負債表上的「現金」可能不是同步減少。

〔圖表 9-3〕「權責發生制」與「現金收付制」比較

| 項目 | 權責發生制 | 現金收付制 |
|---|---|---|
| 適用範圍 | 公司組織一律採用,無例外。 | 獨資或合夥的事業,已向稽徵機關申報者。 |
| 認列「營業收入」的時機 | 交貨(所有權轉移至對方),或提供勞務完畢時。 | 實際收到或支付現金的時候。 |
| 認列「存貨」的時機 | 對方交貨(所有權轉移至我方)時。 | 實際收到或支付現金的時候。 |

## 只是帳面上有收入，無法提高配息率

權責發生制也是影響公司配息率的因素之一，如果綜合損益表上的每股盈餘是 5 元，通常配息率都低於 70％，原因之一是公司必須提列 10％的「公積」，而盈餘當中又有金額其實尚未真正收到現金，所以配息率通常都不會太高。

至於壽險金控業近年的配息率越來越低，也是因為在權責發生制之下，金控母公司以「權益法」來認列人壽子公司的盈餘數額很多，這些盈餘不能運用在配息上。也就是，雖然人壽公司很賺錢，但在主管機關的限制下，多半都無法將盈餘以現金股利的方式上繳給金控母公司，當金控母公司要發現金股利給股東時，就只能運用其他子公司銀行、證券、投信等上繳的盈餘。

〔圖表 9-4〕壽險金控公司配息率舉例

| 公司名稱 | 2020 年 每股盈餘 | 2020 年 現金股利 | 配息率 |
|---|---|---|---|
| 國泰金控 | 5.41 元 | 2.5 元 | 46.2% |
| 中信金控 | 2.15 元 | 1.05 元 | 48.8% |

## 運用帳面認列，子公司的錢可以給母公司充面子

一般而言，一家公司的營業收入和盈餘趨勢應是一致的，當營業收入越多，盈餘也會越多。但現代的大企業，在母公司之下通常擁有許多子公司，母公司的營業收入往往和盈餘脫鉤，也就是說，一家大企業的盈餘是否亮麗，已經不能只從母公司的營業收入來判斷，而必須連同子公司的盈餘狀況一起評估。

母公司認列子公司的盈餘，都是採用權益法，當子公司很賺錢時，母公司的業績及股價會連動，相反的，如果轉投資的公司虧損累累，母公司的業績就會被拖累。

例如寶成（9904）2021 年第 1 季盈餘創新高，達到 62.76 億元，表現亮麗，但仔細研究會發現，其實本業只賺了 15.88 億元，其他的 46.88 億元來自於認列南山人壽的盈餘貢獻。南山人壽的股權泰半由潤成投資公司擁有，而潤成投資公司的股權又由寶成、潤泰全、潤泰新所擁有，當南山人壽營運表現亮眼時，寶成、潤泰全、潤泰新都可以認列很多盈餘，這就是「母以子貴」。

相反的，當友達（2409）在 2017 年大虧百億時，因為佳世達（2352）持有友達 6.9％的股份，就必須認列友達（2409）的大量虧損。也就是說，在採用權益法之下，即使佳世達（2352）本身的營運不錯，但在認列子公司的龐大虧損後，盈餘就變得不理想。

由於大企業母以子貴的情形很多，投資人要精準判斷母公司的盈餘狀況，就必須多加留意母子公司之間的關聯。

〔圖表 9-5〕「母以子貴」的企業列表

| 母公司 | 子公司 |
|---|---|
| 台塑（1301）、南亞（1303）、台化（1326）、福懋（1434） | 台塑化（6505） |
| 中鋼（2002）、台塑（1301）、南亞（1303）、台化（1326）、福懋（1434） | 越南河靜鋼廠 |
| 潤泰全（2915）、潤泰新（9945）、寶成（9904） | 南山人壽 |
| 台泥（1101） | 和平電力 |
| 亞泥（1102） | 嘉惠電力 |
| 台汽電（8926） | 星能、星元、國光、森霸 |
| 中信金（2891） | 台壽保（2833） |
| 開發金（2883） | 中壽（2823） |
| 國泰金（2882） | 國泰人壽 |
| 富邦金（2881） | 富邦人壽 |
| 新光金（2888） | 新光人壽 |
| 統一（1216） | 統一超（2912） |
| 統一（1216） | 統一（中控） |
| 泰山（1218） | 全家（5903） |
| 中美晶（5483） | 環球晶（6488） |
| 中再保（2851，擁有陽明 23,992 張，是第 8 大股東） | 陽明（2609） |
| 歐買尬（3687，擁有綠界科技 31.68%股份，綠界科技是興櫃股，股價千元左右） | 綠界科技（6763） |
| 東元（1504，擁有宅配通 25.27%股權） | 宅配通（2642） |

# 第三節
# 跟風操作不一定都能賺，
# 有時得逆向思考

　　成功的投資，可能不在大家的眼前，而是在別的地方，甚至是在大家關注的相反方向，這就是逆向思考。

　　例如，以台積電為首的半導體類股在 2020 年表現強勁，台股出現「棄保效應」，投資人熱衷於搶進半導體股票或相關的指數型 ETF，即使某些公司的股價已經超越基本面也不在乎，許多基本面很好的股票卻被無情砍倉。這時如果逆向思考，把注意力轉到金融、傳產等被冷落的類股，於低檔布局，成功的機會反而會比追逐半導體類股更大。果然，到了 2021 年開始「豬羊變色」，電子股成交比重由 75％跌到 50％以下，許多高科技股票紛紛下跌，而傳產的運輸、鋼鐵、電纜、塑化、金融等股價則大漲。

　　逆向思考需要一些經驗，也需要勇氣。當你的某一持股「跌跌不休」，沮喪得想賠錢賣出時，往往正是需要逆向思考、再堅持一下的時候，因為這時可能正是谷底，應該反向買進才對。同樣的道理，當某一檔股票出現噴出行情，很想追高買進，往往正是股價的頂峰，這時不妨逆向思考一下：「現在不要買，應該賣出才對！」

　　有位網友來信問我：「中信金（2891）買在 19.40 元，現在掉到 18.7 元，而且賣壓很大。我是否要先賣掉？」我從價值投

資的角度答覆他：「中信金（2891）業績不錯，每年股利都有 1 元，把它當成投資，報酬率大於 5％，不用太擔心。股價剩 18.7 元，並不需要賣掉，甚至可再買進，當作另一筆報酬率更好的投資。」不久，中信金股價就回升至 24 元。

當好公司遇到「麻煩事」時，也正是要發揮逆向思考的時候。好公司的股價平常都不便宜，一旦不巧衰事纏身，往往會大跌一段，就會是買進的好機會，例如兆豐金（2886）曾遇到麻煩事，股價來到 19 元；國泰金（2882）遇到麻煩事，股價曾來到 28 元；欣陸（3703）遇到麻煩事，股價曾來到 7.41 元等。

投資小故事

## 股價大跌、外資逆勢大買

2021 年 5 月 11 日，因為疫情升溫，台股連續大跌數日，融資斷頭，違約交割頻傳，市場一片悲情。很多人於 5 月 16 日殺在最低點，但外資此時卻逆勢買進 386 億元。次日，台股反彈 792 點，創下台股史上最多的漲點，外資逆勢買進成了最大贏家。

相反的，當外資對個股發布新高評價時，反而可能是要落跑的訊息，要特別留意，例如外資曾評價宏達電（2498）股價 1,300 元，結果自己清倉大賣，股價一度僅剩 40 元。

## 第四節
# 加權指數 vs. 加權報酬指數

　　「加權指數」的全名是「發行量加權股價指數」，是用來衡量臺灣上市市場股票整體績效表現的指標。但因為是用各公司股票的發行量作為加權，使得股本大的公司股價漲跌，會大幅影響指數的增減，例如台積電（2330）的發行量是 259.3 億股，股價又高達 600 多元，使得它單一個股就占 5,000 點以上，扭曲了指數原先是用來代表整體市場績效的初衷。

　　許多人看到指數上萬點就擔心，忘了很多「個股」的價位並不高的事實。其實投資人必須了解，加權指數只是參考而已，完全不是存股成敗或買賣時機的因素，投資人應該多看個股，少看指數。

　　「加權報酬指數」與加權指數類似，也是以發行量作為加權，差別是股票在除權、除息的時候，「加權指數」會扣除權值，但「加權報酬指數」不扣除這些權值。例如台積電（2330）除息 10 元，大約要扣除 86 點，但「加權報酬指數」不扣除這 86 點。由於股票檔數眾多，所有股票一年的權值高達數百點，以 20 年累積下來，兩個指數就會相差約 16,000 點。例如 2021 年 11 月 18 日的加權指數收盤為 17,841.37 點，而「加權報酬指數」收盤為 35,341.78 點，兩者相差 17,500.41 點。

## 加權指數的缺點

加權指數其實有明顯的缺點，我們從下面的假設情況就可以了解：

假設某一天，全部股票的價格都文風不動，只有台積電（2330）這一檔除息 10 元，股價從前一天的 600 元變成 590 元，擁有台積電（2330）的投資人資產還是 600 元（股價 590 元加上股利 10 元），理論上，這一天沒有虧損或獲利，加權指數應該是平盤。

但實際上，目前的加權指數會顯示下跌 86 點（但「加權報酬指數」不扣除這 86 點），這就出現了表達錯誤的盲點，偏偏所有技術分析的投資人，都是以這錯誤表達的圖表當作分析標的，結果也就可想而知。

〔圖表 9-6〕「加權指數」趨勢與「加權報酬指數」趨勢比較

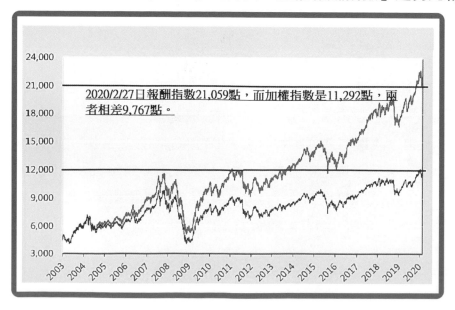

# 第五節
# 「資本支出」對現金股利的影響

　　公司辦理「資本支出」通常用來購買土地、增建廠房、購買機器設備等，目的在增加產能，因為具有開創新產能、新市場，提高營業收入的效果，所以可預期未來的成長性，例如台積電、台塑集團近年都有大規模的「資本支出」。

　　但「資本支出」需要資金，如果資金來源是貸款，會增加利息支出；如果資金來源是動支公司現有的資源（現金、存款等），就會降低配息率，影響現金股利的發放，在建廠過程、產能尚未發揮之前，對股東未必有利。

　　以中聯資源（9930）為例，一方面到越南建廠，一方面購買高雄倉儲用地，這幾年「資本支出」約 20 億元，導致長期借款增加、現金股利減少。現金股利最近 4 年平均僅 1.75 元（配息率 53.83％），比前 4 年平均股利 3.45 元（配息率 91.7％），大幅降低，出乎投資人意料之外。不過，該公司資本支出已近尾聲，未來有機會回到原有高配息率軌道。

　　再以龍巖（5530）為例，該公司獲利不差，2020 年每股盈餘 2.96 元，年底每股淨值 45.05 元，但媒體報導說公司表示未來 5 年資本支出估計需 160 億元投入「光系列生命殿堂」工程，因此，2021 年現金股利僅 1.2 元（配息率僅 40.5％），導致股價疲弱。該公司現金股利不佳，似乎也是受「資本支出」的影響。不

過，該公司既然可花大錢買進波克夏、台積電、英特爾等股票，對待股東似乎可以更好一點。

又例如宏盛建設（2534）2018 年每股盈餘 4.07 元，但公司表示已看中某塊土地，需要用錢，所以完全不發股利，股價由 40 元應聲重挫，最低至 15 元。許多營建公司也常因為購地的無底洞，造成獲利滿滿，股利卻完全不成比例的情形，因此投資人對「營建股」的習性要多加留意。

國家圖書館出版品預行編目（CIP）資料

獲利的引擎：價值投資獨家公式加上 168
微笑曲線，播種便宜股、收割昂貴股，穩
賺股利、大賺價差。／溫國信著 . -- 初版 .
-- 臺北市：大是文化有限公司，2021.12
272 面；17×23 公分 .--（Biz：380）
ISBN 978-626-7041-42-0（平裝）

1. 股票投資　2. 投資分析

563.53　　　　　　　　　　110017929

Biz 380

# 獲利的引擎

價值投資獨家公式加上 168 微笑曲線，播種便宜股、收割昂貴股，
穩賺股利、大賺價差。

作　　　者／溫國信
責任編輯／宋方儀
校對編輯／張慈婷
美術編輯／林彥君
副總編輯／顏惠君
總 編 輯／吳依瑋
發 行 人／徐仲秋
會　　　計／許鳳雪
版權經理／郝麗珍
行銷企劃／徐千晴
業務助理／李秀蕙
業務專員／馬絮盈、留婉茹
業務經理／林裕安
總 經 理／陳絜吾

出 版 者／大是文化有限公司
　　　　　臺北市 100 衡陽路 7 號 8 樓
　　　　　編輯部電話：（02）23757911
　　　　　購書相關資訊請洽：（02）23757911 分機 122
　　　　　24 小時讀者服務傳真：（02）23756999
　　　　　讀者服務 E-mail：haom@ms28.hinet.net
郵政劃撥帳號／ 19983366　戶名／大是文化有限公司
法律顧問／永然聯合法律事務所
香港發行／豐達出版發行有限公司 "Rich Publishing & Distribut Ltd"
　　　　　地址：香港柴灣永泰道 70 號柴灣工業城第 2 期 1805 室
　　　　　Unit 1805, Ph. 2, Chai Wan Ind City, 70 Wing Tai Rd, Chai Wan, Hong Kong
　　　　　電話：21726513　　傳真：21724355
　　　　　E-mail：cary@subseasy.com.hk

封面設計／林雯瑛
內頁排版／林雯瑛
印　　　刷／鴻霖印刷傳媒股份有限公司
出版日期／ 2021 年 12 月初版
定　　　價／新臺幣 480 元
I S B N ／ 978-626-7041-42-0
電子版 ISBN ／ 9786267041413（PDF）
　　　　　　 9786267041437（EPUB）